バスクの修道女　畑と庭の保存食

丸山久美

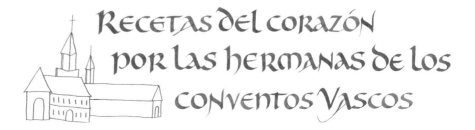

RECETAS DEL CORAZÓN
POR LAS HERMANAS DE LOS
CONVENTOS VASCOS

Introducción

はじめに

修道院を訪ねるときはカステラと鳩の形の落雁をお土産に持っていくようにしています。カステラが「カスティーリャ王国（スペイン）」のお菓子「ビスコチョ」に由来していると説明すると、とても喜んでくださるのです。ところがそのお返しにと、お土産をいただいてしまうことが多々あります。それが恐縮するやら、うれしいやら、手作りのジャムをくださるのです。

ジャムは女子修道院の代表的な保存食で、何世紀も前から自分たちで消費する以外に、献上や贈答、地域への寄付としても使われてきました。今でも修道院では庭園の果実を使ってジャムを作ることが習慣になっているところが多く、ジャム作りが有名で販売している修道院もあります。

中世の頃から修道院には庭園があり、野菜や果樹、薬草が栽培され、自給自足が実践されてきました。何世紀にもわたり、庭園では農業技術の研究がされ、発展へ寄与したといいます。それなしではワインやチーズの発展もなかったかもしれません。また大航海時代に持ち帰られたさまざまな野菜、作物は修道院で研究され、スペインから世界へと広まっていったことも世界の食文化に大きな功績を残しました。

現代でも、特に外部との接触が厳しい修道院では、庭園は労働の場であり、実りは生きていくための大切な糧となっています。ある意味、日々自然の力にゆだねる生活を送り、野菜や果物を上手に活用し、無駄なく食べることが基本になっているのです。

そんなことから生まれた保存食。伝統的な瓶詰めから冷凍保存まで、より生活しやすいように活用しているのがいかにも修道院らしいところです。「笑ってしまうほどおもしろい形にできた」「びっくりするほど大きく育ってしまった」と楽しそうに野菜の写真が送られてきたこともありました。不揃いなものも活用したり、収穫量もそのときどきで違うので臨機応変に作る保存食もあれば、毎年、夏にはトマトソースや水煮、秋にはりんごやマルメロのドゥルセ（固形ジャム）を作る恒例の仕事もあります。

この本ではおいしかった修道院の保存食やいただいたレシピを中心に、バスクの四季折々の保存食とその活用法をご紹介します。きちんと作れば日持ちもし、旬を長く味わえます。何よりも、忘れた頃に瓶詰めの蓋をキュッと開ける楽しみもまた格別です。

丸山久美

ビスケー湾

Francia
フランス

Asturias
アストゥリアス

Cantabria
カンタブリア

País Vasco
バスク

Navarra
ナバラ

Galicia
ガリシア

La Rioja
ラ・リオハ

Cataluña
カタルーニャ

Castilla y León
カスティーリャ・イ・レオン

Aragón
アラゴン

Madrid
マドリード

Portugal
ポルトガル

Extremadura
エストレマドゥーラ

Castilla-La Mancha
カスティーリャ=ラ・マンチャ

Comunidad
Valenciana
バレンシア

Islas Baleares
バレアレス諸島

地中海

Región de
Murcia
ムルシア

Andalucía
アンダルシア

大西洋

España スペイン

ヨーロッパの中でも、スペインにはたくさんの女
子修道院があり、北部のバスクにも数多く存在
します。このバスクは春夏秋冬があり、山、海の
恵みに育まれた地方です。そして独自の文化と
伝統は大切に受け継がれ、発展を遂げたバス
ク料理は、スペインを代表とする料理です。

El convento

修道院とは

スペインの修道院は、外部からは想像ができないほど大きく、禁域の境界線の向こうには私たちが見ることのない世界が広がっているのでしょう。ですが、中世の頃と変わらない石造りの壁と長い回廊、中庭にはたくさんの木や花々があることは、修道女たちとの会話から分かります。同時に時代とともに老朽化が進んでいるところも多くあり、なかなか修復が叶わず、住みにくくなっている修道院もあるようなのです。

修道院とはキリスト教の戒律に従って共同生活をする場所のことです。カトリック修道院には大きく分けると、観想修道会と活動修道会があります。スペインの多くは前者で、この本でご紹介する修道院もしかりです。観想修道会の修道院には禁域があり、その境界線に外部から人が入ることは禁止され、また修道女たちも出ることができません。病院や事務的な手続きなどで外出することはありますが、その生涯を修道院の中で過ごします。ただし、修道会にはいくつもの会派があり、同じカトリックでも、修道院の規則はほんの少しずつ違います。例えば、この本にも出てくるクララ会、カルメル会、ほかにもベネディクト会、ドミニコ会、フランシスコ会、トラピスト会など、修道会名を聞いたことがおありじゃないでしょうか。

Un día en el convento

修道女たちの1日

修道女たちは毎日、朝から晩までとても忙しく過ごします。祈りの時間を中心に細かく決められたスケジュールをひとつもスキップすることなく、きっちりとこなしていかなければなりません。それぞれの修道院に違う決まりがあるので多少の違いがありますが、ここでは善き羊飼いの修道院の1日をタイムテーブルにしてみました。

修道院は祈りと労働に生涯を捧げる場所。労働の時間も大変重要です。日常生活に不可欠な掃除、料理、衣服の準備と裁縫も労働の一部として各自が担当、もしくはローテーションで行います。そして自給自足を実践する場所でもある修道院には畑と庭があり、四季折々の野菜や果物を育てています。毎日の農作業も労働に充てられ、種蒔き、苗植えから収穫まで日々多くの仕事があります。野菜や果物の保存作業もとても大切な仕事のひとつです。また教会のための花や伝統的なハーブ栽培も庭仕事の一環。卵のための鶏の世話、ミルクやチーズのための羊や山羊を飼育している修道院では、そのルーティンも加わります。

Monasterio de las Carmelitas
Descalzas del Buen Pastor

6:30	起 床
7:00	祈 り
8:30	ミ サ
9:15	朝 食
9:40	労 働
12:40	祈 り
13:15	昼 食
13:45	自由時間
14:15	聖体訪問
15:00	霊的読書
15:45	祈 り
16:15	労 働
18:30	祈 り
20:00	夕 食
20:45	自由時間
21:45	祈 り
22:30	自由時間
23:00	就 寝

Tipos de conservas

おもな保存食の種類

Mermelada
[ジャム]

長期保存をするため、果物や野菜とその40%以上の重さの砂糖を加えて煮詰めたものです。果物の種類や熟度にもよりますが、糖分が多いほど保存の安全性がより高いため、修道院では50～100%で作ることが多いです。本書ではレシピの材料はおおよその個数と重さを表示しています。ヘタや種を取った果実の正味の重量を必ず量ってグラニュー糖の量を計算してください。でき上がり内容量もおおよそなので、多めに保存瓶を用意してください。

Compota
[コンポート]

果実にその14%以下の砂糖と水、もしくは砂糖を加えずに水だけを加えて煮たものです。煮た果物の本来の甘さと風味が生かされ、そのおいしさと身体へのやさしさから修道院でもよく作られています。果物が崩れるまで、またはペースト状に煮たもので、そのままスプーンで食べます。ジャムより保存期間が短いので、瓶詰めにして煮沸をしてから保存または冷凍保存します。

Almíbar
[シロップ漬け]

果物を大きめにカットするか丸ごと、水と砂糖で作ったシロップに漬け込む伝統的な保存食です。日本では果物をそのまま使うコンポートとしてなじみ深いですが、本書ではスペイン語（バスク語も同様）に合わせ、「シロップ漬け」とします。保存中に変色することがあるので、使う果物は損傷がなく、熟し過ぎていないものが適しています。果物の香りが移ったシロップも余すことなく使えます。

Jalea
[ジュレジャム]

果物の果汁や浸出液を濾して作る透明でゼリー状の保存食です。ジャムの定義には属しません。果物のペクチンと砂糖を加えて煮詰めます。果肉は入りませんが、ジャムのようにパンに塗ったり、ヨーグルトに添えたり、風味と口溶けを楽しみます。またジャムを作るときに残った皮や芯、種を使って作れるのでとても合理的です。両方同時に作っている修道院も多いです。

季節の果物や野菜の風味を長持ちさせ、おいしくいただくことは長い歴史の中で不可欠な課題でした。
知恵と経験から生かされたいくつかの保存方法があります。修道院でも受け継がれてきた季節の手仕事です。
旬を尊ぶこと、無駄を無くすこと、それは節約にもつながり、私たちもおおいに活用したいものです。

Dulce
[固形ジャム]

ナイフでカットできるくらいにかたく煮詰めたジャムです。スペイン語では甘いという意味でもある「ドゥルセ」と呼ばれ親しまれていて、特にペクチンの多いマルメロ（西洋花梨）、りんごなどがポピュラーでバスク地方でも欠かせない伝統的な保存食です。チーズやナッツと一緒にいただきます。おいしさが変わることなく長く保存できることも愛されている理由のひとつです。

Conserva
[瓶詰め]

野菜を水、もしくは煮汁と塩で漬け込んだものは「塩漬け」とも呼ばれていますが、ここでは「瓶詰め」としました。シンプルながら、とてもデリケートな保存方法です。微生物が働き始めると発酵するので、細心の注意を払いながら保存します。まず野菜は茹でるか、湯通しします。空気をしっかり抜き、真空状態にする必要があるので脱気（P.012参照）が必須です。煮汁、もしくは水をひたひたに入れることも大切なポイントになります。

Encurtidos
[酢漬け]

野菜や魚介を酢と塩で菌が繁殖しにくい酸性環境で作る保存方法です。修道院では白ワインビネガーを使うのが主流ですが、酸味を抑えたいときにはりんご酢を使います。酢と水を半量ずつというのが一般的ですが、野菜の味や好みに合わせて調節してください。グラニュー糖やはちみつを入れたり、そのときどきにあったハーブやスパイスを加えることもあります。

Aceite
[オイル漬け]

スペイン、特に地中海地方で野菜や魚介、肉などをオリーブオイルに漬けて保存する方法が伝承されてきました。オイルは食品と空気や水分が接触するのをガードします。ただし、瓶に詰める際に気泡を丁寧にスプーンの柄などを使い抜くことと、食品をしっかりとふき、水分を残さないようにすることに細心の注意を払うことが何よりも肝心です。保管は湿度の低い冷暗所に。冷蔵庫の野菜室でもよいでしょう。

Índice 目次

はじめに………………………………P.002
修道院とは……………………………P.004
修道女たちの1日………………………P.005
おもな保存食の種類……………………P.006
長期保存するために……………………P.012

CONSERVAS DE PRIMAVERA
春の保存食

1.〔いちご〕
いちごとミントのシナモン風味ジャム…………P.015
いちごとラズベリーのジャム……………P.015
いちごとチョコレートのジャム…………P.015
─ヨーグルトフランの
　いちごとラズベリーのジャム添え………P.016
─いちごとチョコレートのジャムのクレープ…P.017

2.〔びわ〕
びわのジャム……………………………P.019
びわとシナモンのジャム………………P.019
びわのシロップ漬け……………………P.019
─びわのシロップ漬けのミントとナッツがけ…P.020
─びわのシロップ漬けのビスコチョ………P.020

3.〔さくらんぼ〕
さくらんぼとくるみのジャム……………P.022
さくらんぼのブランデー風味ジャム………P.022
─ガトーバスク…………………………P.025
さくらんぼのシロップ漬け………………P.026
さくらんぼのブランデー漬け……………P.026
─さくらんぼのシロップ漬けのマドレーヌ…P.029

4.〔グリーンピース〕
冷凍グリーンピース……………………P.031

グリーンピースの瓶詰め………………P.031
─グリーンピースの生ハム炒め…………P.032
─フラメンカエッグ……………………P.033

5.〔そら豆〕
冷凍そら豆………………………………P.034
そら豆のオイル漬け……………………P.034
─そら豆のミント炒め…………………P.036
─そら豆とかぶの炊き込みごはん………P.037

6.〔にんじん〕
にんじんのジャム………………………P.039
にんじんの瓶詰め………………………P.039
にんじんの酢漬け………………………P.039
─サバのにんじん酢漬けソテー…………P.040
─にんじんのナッツ炒め………………P.041

7.〔ビーツ〕
発酵ビーツ………………………………P.044
ビーツの酢漬け…………………………P.044
─ビーツのガスパチョ…………………P.046
─ビーツのサンドイッチ………………P.047

8.〔春野菜〕
春野菜ミックスの酢漬け………………P.049
春野菜ミックスの瓶詰め………………P.049
冷凍春野菜ミックス……………………P.050
─牛肉の庭師風…………………………P.051
─魚のムニエル 春野菜クリームソース……P.052

CONSERVAS DE VERANO
夏の保存食

1.〔プラム〕
プラムのジャム…………………………P.065
プラムのコンポート……………………P.065
ドライプラム……………………………P.065

─鶏肉とドライプラムの煮込み…………P.066
─プラムのコンポートアイスクリーム……P.067

2.〔いちじく〕
いちじくと洋梨のジャム………………P.068
いちじくとブラックベリーのクローブ風味ジャム…P.068
いちじくと白ワインのジャム……………P.071
いちじくとチョコレートのジャム………P.071
─レタスとハーブのサラダ いちじくと白ワインの
　ジャムのビナグレットソース…………P.072
─いちじくと洋梨のジャムのチーズケーキ…P.073
いちじくのシロップ漬け………………P.074
いちじくのコンポート…………………P.074
ドライいちじく…………………………P.076
─ドライいちじくのくるみサンド………P.076

3.〔黄桃〕
黄桃とキウイフルーツのジャム…………P.079
黄桃とりんごのジャム…………………P.079
黄桃のシロップ漬け……………………P.079
─豚肉と黄桃のシロップ漬けの煮込み……P.081
─お祝いのフルーツパイ………………P.082

4.〔ネクタリン〕
ネクタリンとりんごのジャム……………P.084
ネクタリンとオレンジのスパイス風味ジャム…P.084
─いんげんのサラダ ネクタリンとオレンジの
　スパイス風味ジャムのビナグレットソース…P.087

5.〔あんず〕
あんずとはちみつのジャム……………P.088
あんずとバニラのジャム………………P.088
─あんずとはちみつのジャムのシナモンドリンク…P.090
─あんずとバニラのジャムのスフレ………P.090
あんずのシロップ漬け…………………P.092
─あんずのシロップ漬け 生クリーム添え…P.093

6.〔ベリー〕
ブラックベリーとりんごのジャム………P.094

ラズベリーのジャム ··············P.094
―ブラックベリーとりんごのジャムのスイスロール ···P.097
ラズベリーソース ··············P.098
ラズベリービネガー ··············P.098
―チキンサラダ ラズベリービネガーの
　　ビナグレットソース ··············P.100
―バナナクリームのラズベリーソースがけ ··············P.101

7.〔 トマト 〕
冷凍トマト ··············P.103
トマトの瓶詰め ··············P.104
トマトソース ··············P.105
―豚肉のトマト煮 ··············P.106
―チョリソーとほうれん草のトマトごはん ···P.107
―ツナマカロニ ··············P.108
―タラのにんにくスープ バスク風 ··············P.109
―イカのトマトソース煮 ··············P.110
―ひよこ豆のトマトソース ··············P.111
―赤パプリカとハム、
　　トマトソース炒めのオムレツ ··············P.112
―ごちそうサンド ··············P.113
トマトとスパイスのジャム ··············P.115
トマトとオレンジのジャム ··············P.115
トマトとシナモンのジャム ··············P.115
―トマトとスパイスのジャムのチーズクッキー ···P.116

8.〔 赤パプリカ 〕
ロースト赤パプリカの酢漬け ··············P.119
ロースト赤パプリカのオイル漬け ··············P.119
―牛肉の赤パプリカ、トマト煮込み ··············P.120
―鶏肉のパン粉焼き ··············P.121
―カタクチイワシの赤パプリカのせ ··············P.122
―ポテトサラダ ··············P.123
ロースト赤パプリカのジャム ··············P.124
赤パプリカのジャム ··············P.124

9.〔 玉ねぎ 〕
玉ねぎキャラメリーゼ ··············P.128

紫玉ねぎの酢漬け ··············P.128
―ビンナガマグロの玉ねぎキャラメリーゼのせ ···P.130
―白いんげん豆のサラダ ··············P.131
発酵玉ねぎ ··············P.132

10.〔 いんげん 〕
冷凍いんげん ··············P.134
いんげんの瓶詰め ··············P.135
―モロッコいんげんのトマトソース煮 ··············P.136
―さやいんげんのアーモンド和え ··············P.137
―モロッコいんげんの玉ねぎ炒め ··············P.139

11.〔 ズッキーニ 〕
冷凍ズッキーニ ··············P.140
―ズッキーニの卵とじ ··············P.140
―ズッキーニのにんにく、レモン風味 ··············P.143

12.〔 きゅうり 〕
きゅうりとラディッシュの酢漬け ··············P.145
きゅうりの酢漬け ··············P.145

13.〔 にんにく 〕
にんにくのオイル漬け ··············P.147
にんにくの酢漬け ··············P.147
にんにくビネガー ··············P.147
―白いガスパチョ ··············P.148
―かぼちゃのにんにくソテー ··············P.149

14.〔 フェンネル 〕
フェンネルの酢漬け ··············P.151
―鮭とフェンネルの酢漬け マスタードソース ···P.152
―りんごとフェンネルのサラダ ··············P.153
―ドライフェンネルの葉のスープ ··············P.154

15.〔 夏野菜 〕
ピストの瓶詰め ··············P.157
夏野菜ミックスのオイル漬け ··············P.157
―カジキマグロのピストがけ ··············P.158
―夏野菜ミックスのオイル漬けのショートパスタ ···P.159

CONSERVAS DE OTOÑO
秋の保存食

1.〔 りんご 〕
りんごのジャム ··············P.163
りんごと洋梨のスターアニス風味ジャム ··············P.163
りんごとキウイフルーツ、オレンジのジャム ···P.163
りんごと赤ワインのジャム ··············P.164
青りんごとミントのジャム ··············P.164
りんごとレモンのジャム ··············P.164
―アップルパイ ··············P.167
りんごとミントのジュレジャム ··············P.168
りんごとスパイスのコンポート ··············P.168
りんごとしょうがのコンポート ··············P.169
ドゥルセ・デ・マンサーナ（りんごの固形ジャム）··············P.172
―ドゥルセ・デ・マンサーナとチーズとくるみ ···P.173

2.〔 洋梨 〕
洋梨としょうがのジャム ··············P.175
洋梨とローズマリーのジャム ··············P.175
洋梨とオレンジのジャム ··············P.175
―洋梨のタルト ··············P.176
洋梨のコンポート ··············P.179
洋梨のシロップ漬け ··············P.179
―洋梨のムース ··············P.180

3.〔 マルメロ 〕
マルメロのジュレジャム ··············P.182
マルメロのジャム ··············P.182
ドゥルセ・デ・メンブリージョ（マルメロの固形ジャム）···P.184
―パート・ド・フリュイ ··············P.184

4.〔 ぶどう 〕
ぶどうのジャム ··············P.187
ぶどうとキウイフルーツのジャム ··············P.187
レーズン ··············P.187
―鶏肉とレーズンの煮込み ··············P.189
―マンハールブランコ ··············P.189

5.〔柿〕
柿のジャム ……………………………… P.190
柿のコンポート …………………………… P.190
—柿のジャムとオレンジのジュース ……… P.192
—柿のビスコチョ ………………………… P.192

6.〔くるみ〕
くるみのリキュール漬け ………………… P.195

7.〔栗〕
栗のシロップ漬け ………………………… P.196
栗のジャム ………………………………… P.196
—ブッシュ・ド・ノエル …………………… P.198
—栗ミルク ………………………………… P.200
—栗ときのこのソテー ……………………… P.201

8.〔じゃがいも〕
—フライドポテト ………………………… P.205
—スペインオムレツ ……………………… P.207
—じゃがいものグリーンソース ………… P.209
—パタタス・レジェーナ ………………… P.209
—アリオリ・ポテト ……………………… P.209

9.〔かぼちゃ〕
冷凍かぼちゃ ……………………………… P.210
—かぼちゃとキャベツのスープ ………… P.211
かぼちゃとりんご、オレンジのジャム … P.214
かぼちゃとスターアニスのジャム ……… P.214

10.〔そうめんかぼちゃ〕
天使の髪の毛のジャム …………………… P.216
—天使の髪の毛のエンパナディージャ … P.218
—ビルバオ風パイ ………………………… P.219

11.〔アーティチョーク〕
アーティチョークの瓶詰め ……………… P.221
アーティチョークのオイル漬け ………… P.221
—羊肉とアーティチョークの煮込み …… P.223
—アーティチョークと長ねぎのクリームスープ …… P.223
—アーティチョークのベーコン炒め……… P.224
—アーティチョークとあさりのグリーンソース …… P.225

12.〔なす〕
米なすのオイル漬け ……………………… P.229
小なすのオイル漬け ……………………… P.229
米なすのスパイス酢漬け ………………… P.229
—なすのボカディージョ ………………… P.230
—なすとレンズ豆の煮込み ……………… P.231

CONSERVAS DE INVIERNO
冬の保存食

1.〔オレンジ〕
オレンジとシナモンのジャム …………… P.237
オレンジのジャム ………………………… P.237
オレンジとグレープフルーツのジャム … P.237
オレンジとチョコレートのジャム ……… P.238
オレンジとバナナのジャム ……………… P.238
冷凍オレンジピール ……………………… P.240
オレンジピールのシロップ漬け ………… P.240
オレンジのコンフィ ……………………… P.240
—豚肉のオレンジ煮込み ………………… P.242
—サン・ファンのコカ …………………… P.243

2.〔レモン〕
レモンとミントのジュレジャム ………… P.247
レモンとスパイスのジュレジャム ……… P.247
レモンのジャム …………………………… P.247
—揚げシュー ……………………………… P.249
冷凍レモンピール ………………………… P.250
レモンの発酵塩漬け ……………………… P.251
—オリーブの漬け物 ……………………… P.252
—イワシのレモン風味 …………………… P.253

3.〔キウイフルーツ〕
キウイフルーツのジャム ………………… P.255
キウイフルーツのコンポート …………… P.255
—キウイフルーツのホワイトクリームタルト……… P.256

4.〔みかん〕
みかんとりんごのジャム ………………… P.259
みかんとタイムのジャム ………………… P.259
みかんとシナモンのジャム ……………… P.259

5.〔キャベツ〕
冷凍キャベツ ……………………………… P.260
—キャベツのにんにくオイル …………… P.261
—マッシュキャベツポテト ……………… P.262

6.〔カリフラワー〕
冷凍カリフラワー ………………………… P.264
カリフラワーの酢漬け …………………… P.265
—温野菜のサラダ ………………………… P.266

7.〔ほうれん草〕
冷凍ほうれん草 …………………………… P.268
—ほうれん草の蒸し炒め ………………… P.269

8.〔長ねぎ〕
冷凍長ねぎ ………………………………… P.272
葉ねぎのビネガーオイル漬け …………… P.274
葉ねぎの酢漬け …………………………… P.274
長ねぎの瓶詰め …………………………… P.274
—長ねぎのビナグレットソースがけ …… P.275
—レタスと生ハムのサラダ ……………… P.276

9.〔冬野菜〕
冷凍冬野菜ミックス ……………………… P.278
冬野菜ミックスの酢漬け ………………… P.280
冬野菜ミックスのスパイスオイル漬け … P.280
—冬野菜ミックスのスフレ ……………… P.281
—タラの冬野菜オイル蒸し ……………… P.282

RECETAS CON FRUTAS Y HORTALIZAS FRESCAS
フレッシュを楽しむレシピ

《 春 》
グリーンピースのクリームスープ ················· P.031
そら豆のピューレ ································ P.034
にんじんのハーブオーブン焼き ················ P.042
にんじんのクリームスープ ···················· P.042
にんじんのマドレーヌ ························· P.042
春野菜のスープ ······························· P.053
メネストラ 卵添え····························· P.053

《 夏 》
ネクタリンのヨーグルトドリンク················· P.087
ネクタリンのソテー······························ P.087
ラズベリージュース ··························· P.102
ラズベリーのグラニサード ···················· P.102
ラズベリータルト ····························· P.102
トマトの詰め物 ······························· P.105
玉ねぎいっぱいのワイン煮 ···················· P.133
オニオングラタンスープ ······················ P.133
さやいんげん、トマト、じゃがいものサラダ ····· P.139
モロッコいんげんのアンチョビ炒め ············· P.139
ズッキーニのハーブグラタン ·················· P.143
ズッキーニのごはん ·························· P.143
きゅうりのビナグレットソース和え ·············· P.145
フェンネルのオーブン焼き ···················· P.151
フェンネルのクリームスープ ·················· P.151

《 秋 》
鶏肉とりんごの蒸し煮 ························ P.170
りんごとラディッシュのジュース ··············· P.170
焼きりんご ·································· P.170
洋梨のオリーブオイルソテー ·················· P.181
洋梨の生クリームオーブン焼き ··············· P.181
くるみのクリーム ····························· P.195
くるみのパウンドケーキ ······················ P.195

栗のプリン ·································· P.202
栗とひよこ豆の煮込み ························ P.202
かぼちゃと白いんげん豆の煮込み ············· P.212
茹でかぼちゃのハーブスパイス和え ············ P.212
かぼちゃとハーブのオーブン焼き ············· P.212
かぼちゃのフリッター ························· P.213
アーティチョークの肉詰め ···················· P.226
アーティチョークの海老詰め ·················· P.226

《 冬 》
オレンジと玉ねぎのサラダ ···················· P.244
オレンジクリームとスイスメレンゲの
　　オレンジカップ ························· P.244
ボーロ ···································· P.244
レモン風味のヨーグルトドリンク ··············· P.249
ホットレモネード ···························· P.249
キウイフルーツのジュース ···················· P.255
キャベツとチョリソーの煮込み ················· P.263
キャベツのサラダ ···························· P.263
キャベツのクリームスープ ···················· P.263
カリフラワーのピカタ揚げ ···················· P.267
カリフラワーとタラのグラタン ················· P.267
ほうれん草とひよこ豆の煮込み ················ P.270
ほうれん草と松の実のソテー ················· P.270
ほうれん草のエッグココット ·················· P.270
長ねぎと海老のパステル ····················· P.277
タラの冬野菜オイル蒸し ····················· P.282

USANDO HIERBAS AROMÁTICAS DEL JARDÍN
庭のハーブを使って

ローズマリーのハーブオイル ·················· P.058
タイム、セージ、ローリエのハーブオイル ········ P.058
ローズマリーのハーブビネガー ················ P.060
ミントのハーブビネガー ······················ P.060

REGALOS SOLIDARIOS
ご近所さんのおすそ分け

ホワイトアスパラガスの瓶詰め ················· P.055
ホワイトアスパラガスの煮汁とトマトスープ ······· P.055
ホワイトアスパラガスの茹で卵
　　ビナグレットソースがけ ················· P.056
カタクチイワシの酢漬け ····················· P.057
ビンナガマグロのオイル漬け ·················· P.160

COLUMNA
コラム

修道院の養鶏 ······························ P.062
修道院のマヨネーズ ························· P.062
マザー・マリア・アルムデナのパイ生地 ········· P.083
吊るして保存するバスクの食文化 ············· P.126
ドライかぼちゃの種 ·························· P.213
バスクのリキュール ·························· P.232
秋のごちそう 鶏肉のテリーヌ ················ P.234
肉の保存食 豚肉のスパイス漬け ············· P.283

ご協力いただいたシスターたち ··············· P.284
あとがき ··································· P.286

● 料理名などのローマ字はスペイン語表記で、例外的にバスク語を使用しています。

● 小さじ1は5ml、大さじ1は15ml、1カップは200mlです。

● ごく少量の調味料の分量は「少々」で親指と人差し指でつまんだ分量、「ひとつまみ」は親指と人差し指、中指でつまんだ分量になります。「適量」はちょうどよい分量、「適宜」は好みで入れなくてもよいということです。

● にんにくは芯を取り除いてから調理してください。そのほかの野菜類は特に指定のない場合は、洗う、むくなどの作業を済ませてからの手順です。特に指示のない場合は、その作業をしてから調理してください。

● こしょうは黒こしょうを使用しています。

Envasar los alimentos al vacío

長期保存するために

脱気することで瓶の中の空気を追い出して雑菌の繁殖を防ぎ、
長時間保存することが可能になります。

1. 保存食には凸凹やひび割れのないガラス瓶を使います。

2. ガラス瓶は鍋に入れてたっぷりの水を注ぎ、沸騰したら15分、蓋は3分煮沸して消毒します。取り出したら乾いた清潔なフキンの上に逆さまに置きます。

3. 瓶にでき上がりの温かい保存食を詰めます。瓶と保存食の温度に大きく差があると瓶にひびが入ったり、割れる恐れがあるので、瓶が温かいうちに詰めるのがベストです。

4. 清潔なフキン（またはアルコールを含ませたペーパータオル）で瓶の縁を消毒してから蓋を閉めます。

5. 大きめの鍋に瓶の衝撃軽減と破損防止のためにフキンを鍋底に敷き、保存食を入れた瓶を置きます。蓋から2〜3cm下まで水を注ぎ、火にかけて沸騰したら10〜15分、ぐつぐつとする温度を保ちながら弱火で煮沸します。

6. くれぐれも火傷をしないように注意して瓶を取り出し、蓋をしっかりと閉め直します。

7. フキンの上に逆さまにして置けば、さらに安心です。

8. 冷めたら蓋の中央が凹んでいるかを確認します。凹んでいたら脱気成功です。

CONSEJOS ◎保存食のでき上がりはおおよそなので、瓶の大きさによって煮沸する湯の量は変わります。◎蓋が凹んでいるかを確認し、していないときはやり直してください。◎脱気が上手にできず、保存中に水が濁ってきたら破棄してください。◎カビが生える、シロップが糸を引く、酸っぱい臭いがする、味に苦味があるなど、作ったときと状態が変化している場合は食べないようにしましょう。◎開封後は冷蔵庫で保存し、2〜3日以内に食べてください。

春
の
保
存
食

CONSERVAS DE PRIMAVERA

バスクの春はゆっくりと足音を立ててやってきます。明るい太陽の光は修道院の庭のすべ
ての植物、果樹にふり注ぎ、冬に眠っていた草木たちを徐々に目覚めさせます。鳥たち
のさえずりもにぎやかになります。まさに「復活」の季節の到来です。

庭の仕事や果樹の手入れが忙しくなる時期になりますが、新芽の芽吹きや咲き始める花
に思わず顔がほころびます。とはいうものの、まだまだ寒い日もあれば、4月はもっとも
雨の多い月ということもあり、作業は気まぐれな天候に左右されることが少なくありません。
それでも雨が上がったあとには新緑が輝き、生き生きとしている姿はこの季節ならでは。

復活祭の頃から庭の風景は冬とは一変した彩りになり、バスク地方で最も美しい月のひ
とつといわれる5月がやってきます。収穫前の野菜が小さな花をつけ始めるのは愛らし
いものです。そして収穫間近のさくらんぼや、春を過ぎてから実をつけ始める桃、ベリー、
プラム、あんず、りんごなどの果樹が花々を咲かせ、庭は春爛漫となります。

FRESA

〔いちご〕

春の訪れをいちばんに知らせてくれる果物、いちご。採り立ての香りは格別です。
特に早朝に摘むと花のような甘い香りをいっそう感じられます。
表面の粒々のひとつずつが果実。1個に200個もの果実が詰まっているとても不思議な果物です。

Mermelada de
fresa y frambuesa

Mermelada de
fresa y chocolate

Mermelada de
fresa, menta y canela

Fresa choco 3/1

Mermelada de
fresa, menta y canela

いちごとミントのシナモン風味ジャム

INGREDIENTES 材料
（作りやすい分量／でき上がり約400ml）

いちご ----------------- 500g（約33個）
グラニュー糖 ------ 240g（正味量の50%）
レモン果汁----------------- 1/2個分
シナモンスティック ----------------- 1本
ミントの葉----------------- 5枚

PREPARACIÓN 作り方

1. いちごは洗い、水気をふく。ヘタを取り、2〜4等分に切る。果肉の重さを量り、その半量の重さのグラニュー糖を用意する。

2. ボウルに1.とレモン果汁を入れて混ぜ、6時間置く。

3. いちごから出た水分ごと鍋に入れ、中火にかけて沸騰したらアクを丁寧に取る。シナモンスティックとミントの葉を加え、ときどき混ぜながらとろりとするまで20〜25分煮る。

4. 熱いうちに煮沸消毒した清潔な瓶に詰める。

CONSEJOS ◎ヴィジタシオン・デ・サンタマリア修道院では、いちごのジャムにシナモンやクローブを風味付けに入れるそうです。◎暖かい日はボウルにラップを被せて6時間以上水分が出るまで冷蔵庫に置いてください。◎冷蔵庫で2週間保存可能。さらに長期保存する場合は、012ページを参照。

Mermelada de
fresa y frambuesa

いちごとラズベリーのジャム

INGREDIENTES 材料
（作りやすい分量／でき上がり約400ml）

いちご ----------------- 300g（約20個）
ラズベリー ----------------- 200g（約10個）
グラニュー糖 ------ 240g（正味量の50%）
レモン果汁----------------- 1/4個分

PREPARACIÓN 作り方

1. いちごとラズベリーは洗い、水気をふく。いちごはヘタを取り、4等分に切る。果肉の重さを量り、その半量の重さのグラニュー糖を用意する。

2. ボウルに1.とレモン果汁を入れて混ぜ、6時間置く。

3. 果物から出た水分ごと鍋に入れ、中火にかけて沸騰したらアクを丁寧に取る。とろりとするまで15〜20分煮る。

4. 熱いうちに煮沸消毒した清潔な瓶に詰める。

CONSEJOS ◎5月初採りのラズベリーと合わせたジャムです。◎暖かい日はボウルにラップを被せて6時間以上水分が出るまで冷蔵庫に置いてください。◎冷蔵庫で2週間保存可能。さらに長期保存する場合は、012ページを参照。

Mermelada de
fresa y chocolate

いちごとチョコレートのジャム

INGREDIENTES 材料
（作りやすい分量／でき上がり約400ml）

いちご ----------------- 500g（約33個）
ココアパウダー ----------------- 小さじ1
グラニュー糖 ------ 240g（正味量の50%）
レモン果汁----------------- 1/4個分

PREPARACIÓN 作り方

1. いちごは洗い、水気をふく。ヘタを取り、4等分に切る。果肉の重さを量り、その半量の重さのグラニュー糖を用意する。

2. ボウルに1.とレモン果汁を入れて混ぜ、6時間置く。

3. 果物から出た水分ごとに鍋に入れ、中火にかけて沸騰したらアクを丁寧に取る。とろりとするまで20〜25分煮る。

4. ココアパウダーを加えてよくかき混ぜ、熱いうちに煮沸消毒した清潔な瓶に詰める。

CONSEJOS ◎暖かい日はボウルにラップを被せて6時間以上水分が出るまで冷蔵庫に置いてください。◎冷蔵庫で5日間保存可能。さらに長期保存する場合は、012ページを参照。

Flan de yogur con mermelada de fresa y frambuesa

ヨーグルトフランの
いちごとラズベリーのジャム添え

INGREDIENTES 材料(容量120mlのプリン型・4個分)

プレーンヨーグルト(無糖)	1カップ
牛乳	1カップ
グラニュー糖	大さじ2
板ゼラチン	5g
いちごとラズベリーのジャム(→ *Page.015*)	大さじ1

PREPARACIÓN 作り方

1. 板ゼラチンはたっぷりの水に浸してふやかす。

2. 牛乳半量を鍋に入れて沸騰寸前まで温め、水気を絞った板ゼラチンを加えて溶かす。

3. ボウルに残りの牛乳、ヨーグルト、2.を加えて泡立て器で混ぜる。

4. 型に流し入れ、かたまるまで冷蔵庫で3時間ほど冷やす。

5. 4.がかたまったら型から取り出して皿に盛り、それぞれにジャムをのせる。

CONSEJOS ◎取り出しにくいときは、型とフランの隙間に1か所竹串を刺して空気を入れてから皿を被せてひっくり返し、上下に強くふるときれいに外せます。

Frixuelos con mermelada
de fresa y chocolate
いちごとチョコレートのジャムのクレープ

INGREDIENTES 材料（10枚分）

［クレープ生地］

> 卵 ---------------------- 2個（室温に戻す）
> 薄力粉 ----------------------------- 125g
> 牛乳 ----------------------- 2と1/4カップ
> オレンジの皮のすりおろし ----------- 1個分
> グラニュー糖 ----------------------- 20g

オリーブオイル ------------------------- 適量
いちごとチョコレートのジャム（—» *Page. 015*）--- 適量

PREPARACIÓN 作り方

1. クレープ生地を作る。ボウルに卵を入れてよく溶き、残りの材料を加えて粉気がなくなるまで泡立て器で混ぜる。ラップをして冷蔵庫で1時間以上休ませる。

2. フライパンを中火で熱し、オリーブオイル小さじ1強を引く。1.の生地大さじ2を流し入れて薄く広げ、弱めの中火にする。ほんのりときつね色になったら裏返して同じように焼く。残りの生地も同様に焼く。

3. 焼いた生地を四つ折りにして皿に盛り、ジャムを添える。

CONSEJOS ◎ガリシア地方とアストゥリアス地方のクレープが名高く、紀元前ケルト民族から伝わったといわれています。◎1枚目を焼くときはオリーブオイルを多めに引き、ペーパータオルでなじませてから焼き始めるとよいです。

NÍSPERO

〔びわ〕

18世紀末にイエズス会の宣教師が
観賞用の木として東洋から
ヨーロッパに持ち込み、
のちにスペインに渡ってきました。
人気のある果物で、春に実るのを
心待ちにしている人も多いです。
善き羊飼いの修道院のびわの木にも、
4月にはたくさんの実がなります。

Mermelada
de níspero

Níspero en almíbar

Mermelada de
níspero con canela

Mermelada de níspero
びわのジャム

INGREDIENTES 材料
（作りやすい分量／でき上がり約300ml）

びわ	500g（約10個）
グラニュー糖	175g（正味の50%）
レモン果汁	1/2個分

PREPARACIÓN 作り方

1. びわはヘタを切り落として皮をむく。半分に切り、スプーンで種と渋皮を取り、4〜6等分に切る。果肉の重さを量り、その半量の重さのグラニュー糖を用意する。

2. ボウルにびわの果肉とレモン果汁を入れて混ぜる。グラニュー糖を加えてさらに混ぜる。

3. びわの高さまで水分が出たら鍋に入れ、中火にかけて木ベラで潰しながら混ぜる。アクが出てきたら丁寧に取り、弱火でとろりとするまで20〜25分煮る。

4. 熱いうちに煮沸消毒した清潔な瓶に詰める。

[CONSEJOS] ◎びわの潰し方は好みで。なめらかなジャムを作る場合はマッシャーやブレンダーで潰してください。◎冷蔵庫で2週間保存可能。さらに長期保存する場合は、012ページを参照。

Mermelada de níspero con canela
びわとシナモンのジャム

INGREDIENTES 材料
（作りやすい分量／でき上がり約300ml）

びわ	500g（約10個）
グラニュー糖	175g（正味量の50%）
レモン果汁	1/2個分
シナモンパウダー	小さじ1/2

PREPARACIÓN 作り方

1. びわはヘタを切り落として皮をむく。半分に切り、スプーンで種と渋皮を取り、4等分に切る。果肉の重さを量り、その半量のグラニュー糖を用意する。

2. ボウルに1.とレモン果汁を入れて混ぜる。

3. びわの高さまで水分が出たら鍋に入れ、中火にかけて木ベラで潰しながら混ぜる。アクが出てきたら丁寧に取り、弱火でとろりとするまで20〜25分煮る。

4. シナモンパウダーを加えてよく混ぜ、1分煮る。

5. 熱いうちに煮沸消毒した清潔な瓶に詰める。

[CONSEJOS] ◎びわのジャムにはホールのクローブやシナモンスティック、スターアニスを入れることもあります。◎冷蔵庫で2週間保存可能。さらに長期保存する場合は、012ページを参照。

Níspero en almíbar
びわのシロップ漬け

INGREDIENTES 材料（作りやすい分量／約1ℓ）

びわ	500g（約10個）
グラニュー糖	250g
レモン果汁	1個分

PREPARACIÓN 作り方

1. シロップを作る。鍋に水2と1/2カップとグラニュー糖を入れ、弱火で30分煮る。

2. びわは上下を少し切り落とし、芯取り器または箸で種を押すようにして取り出す。皮をむき、変色しないようにレモン果汁を全体にふる。中心部の渋皮が残っているようならきれいに取り、指でレモン果汁を塗る。

3. 1.のシロップに2.のびわを入れ、弱火で10分ほど煮る。途中傷がつかないようにそっと裏返す。

4. 熱いうちに煮沸消毒した清潔な瓶にびわを入れ、びわが被るようにシロップをひたひたに注ぐ（瓶の上部は2cmほどあけておく）。

[CONSEJOS] ◎渋皮は口当たりが悪いので取り、茶色く変色しないようにレモン果汁を塗る。◎冷蔵庫で5日間保存可能。012ページを参照して真空状態になっていれば冷蔵庫で6か月保存可能。

Níspero en almíbar con menta y frutos secos

びわのシロップ漬けの
ミントとナッツがけ

INGREDIENTES 材料（3〜4人分）

びわのシロップ漬け（——» *Page.* 019） ----------- 6個
好みのナッツ（アーモンド、くるみ、松の実、
ヘーゼルナッツなど） ------------------- 適量
ミントの葉------------------------- 10〜12枚

PREPARACIÓN 作り方

1. ナッツは刻み、ミントの葉はちぎる。
2. びわを縦半分に切り、皿に盛る。1.をのせ、シロップをかける。

Bizcocho de nísperos en almíbar

びわのシロップ漬けのビスコチョ

INGREDIENTES 材料（直径20cmの丸型・1台分）

びわのシロップ漬け（——» *Page.* 019） ----------- 8個
びわのシロップ漬けのシロップ--------- 大さじ4
薄力粉 ------------------------------ 150g
ベーキングパウダー -------------------6g
卵 ----------------- 1と1/2個（室温に戻す）
グラニュー糖 ------------------------ 45g
オリーブオイル ---------------------- 大さじ4
牛乳 ------------------------------- 大さじ4
粉砂糖 ------------------------------ 適量

PREPARACIÓN 作り方

1. 型の底と側面にオーブンシートを敷く。薄力粉とベーキングパウダーは合わせてふるう。びわは水気をきり、縦半分に切る。丸ごと使ってもよいが、その場合は焼き時間をさらにかける。焼くタイミングに合わせ、オーブンを180℃に温める。

2. ボウルに卵を溶き、グラニュー糖を加えてハンドミキサーで白っぽくなって倍量になり、もったりするまでしっかり泡立てる。

3. オリーブオイルを加えて混ぜ、牛乳も加えたら大きく混ぜる。

4. ふるっておいた粉類を5〜6回に分けて加えて混ぜる。1回目はしっかりと、2回目からはゴムベラに持ち替え、切るように混ぜる。

5. 生地を型に流し入れ、びわを均等に入れる。3cm程度の高さから数回落として空気を抜く。

6. 温めたオーブンで30〜35分焼く。中央に竹串を刺して生地がつくようだったら表面にアルミホイルを被せ、さらに10分焼く。再び生地の焼き具合を確かめ、オーブンから取り出す。粗熱が取れたら型から抜く。

7. 表面にハケでシロップを塗り、粉砂糖をふる。

CONSEJOS ◎ビスコチョはスペインのスポンジケーキ。中世の頃からすでに作られていて、カステラの祖先ともいわれています。修道院でも果物やナッツ、いろいろなものを入れて楽しみます。◎ふわっとした生地にしっとりとしたびわのシロップ漬けが合います。◎2日目が一層おいしくなります。

CEREZA

〔さくらんぼ〕

美しいさくらんぼの花は春の風物詩。
小アジアから渡り鳥によって
ヨーロッパに伝わったといわれ、
その歴史は古代まで遡るという古い果物です。
種類もさまざまですが、実がしっかりとした
肉厚なスイートチェリーが主流で、
深紅色の粒に甘味が詰まっています。
シロップ漬けで保存し、1年中楽しみます。

Mermelada de cereza y nuez
さくらんぼとくるみのジャム

INGREDIENTES 材料
（作りやすい分量／でき上がり約450ml）

さくらんぼ ---------- 550g（大粒約42個）
グラニュー糖 ------250g（正味量の50%）
くるみ（無塩・ロースト）------------- 30g

PREPARACIÓN 作り方

1. さくらんぼは洗い、軸と種を取る。果肉の重さを量り、その半量のグラニュー糖を用意する。くるみは5mm角に刻む。生の場合はフライパンで乾煎りする。

2. 果肉150gは取り置く。鍋に残りのさくらんぼ、グラニュー糖、水1/2カップを入れて混ぜ、中火にかける。沸騰したら弱火にし、アクを丁寧に取りながら10分煮る。

3. 火を止め、ブレンダーまたはミキサーでピューレ状に撹拌する。

4. 鍋に戻し入れ、再び弱火にかけて10分煮たら、取り置いたさくらんぼ150gを加え、さらにとろりとするまで20〜30分煮る。

5. くるみを加えて混ぜ、熱いうちに煮沸消毒した清潔な瓶に詰める。

CONSEJOS ◎さくらんぼの種は専用の種取り器が便利ですが、箸などを使っても。◎さくらんぼはペクチンが少ないので、さらりとしたジャムができ上がります。濃度のあるジャムにしたい場合は、りんごの皮を加えてください。◎くるみが生の場合は、フライパンで空炒りして香ばしくしてください。◎冷蔵庫で2週間保存可能。さらに長期保存する場合は、012ページを参照。

Mermelada de cereza al coñac
さくらんぼのブランデー風味ジャム

INGREDIENTES 材料
（作りやすい分量／でき上がり約250ml）

さくらんぼ（完熟ブラックチェリー）
-------------------- 550g（大粒約42個）
グラニュー糖 ------250g（正味量の50%）
レモン果汁-------------------- 1/2個分
ブランデー ----------------------大さじ1

PREPARACIÓN 作り方

1. さくらんぼは洗い、軸と種を取る。果肉の重さを量り、その半量のグラニュー糖を用意する。

2. 鍋に1.とレモン果汁を入れて混ぜ、中火にかける。沸騰したら弱火にし、アクを丁寧に取りながら10分煮る。

3. 火を止め、ブレンダーまたはミキサーでピューレ状に撹拌する。

4. 鍋に戻し入れ、再び弱火にかけてとろりとするまで20分煮る。好みでさくらんぼを潰さず、果肉感を残してもよい。

5. ブランデーを加えて5分煮たら、熱いうちに煮沸消毒した清潔な瓶に詰める。

CONSEJOS ◎さくらんぼの種は専用の種取り器が便利ですが、箸などを使っても。◎さくらんぼはペクチンが少ないので、さらりとしたジャムができ上がります。濃度のあるジャムにしたい場合は、りんごの皮を加えてください。◎冷蔵庫で2週間保存可能。さらに長期保存する場合は、012ページを参照。

Mermelada
de cereza al coñac

Mermelada de
cereza y nuez

Pastel Vasco
ガトーバスク

INGREDIENTES 材料（直径20cmのタルト型・1台分）

薄力粉 -------------------------- 250g
ベーキングパウダー ------------------ 5g
塩 ----------------------- ひとつまみ
卵 ------------------- 1個（室温に戻す）
バター（無塩）------- 110g（室温に戻す）
グラニュー糖 --------------------- 80g
ブランデー --------------------- 小さじ1
さくらんぼのブランデー風味ジャム（⟶ **Page.022**）
-------------------------- 1カップ
卵黄（塗り用）------------------ 1個分

PREPARACIÓN 作り方

1. 型にバター（分量外）を塗り、薄力粉（分量外）を薄くはたき、冷蔵庫に入れる。薄力粉、ベーキングパウダー、塩は合わせてふるう。卵は溶きほぐす。

2. 生地を作る。ボウルにバターを入れてやわらかくなるまで練り、グラニュー糖を加えて泡立て器で混ぜる。白っぽくなったら、溶いた卵を加えて混ぜる。

3. ふるった粉類を少しずつ加えながらゴムベラで混ぜ、粉気がなくなったらブランデーを加えてさらに混ぜる。手で丸め、半分に分ける。1枚は少しだけ量を多めにしてそれぞれ手で丸める。

4. オーブンシートの上に多めのほうの生地を中央に置き、上にもオーブンシートをのせる。手のひらで生地を押して円形にのばし、麺棒で型の底の大きさに側面の高さを足した大きさにのばす。もう1枚も同じ要領で底の大きさにのばす。オーブンシートごと冷蔵庫で1時間休ませる。

5. オーブンを170℃に温める。卵黄は溶く。

6. 冷蔵庫から大きいほうの生地を取り出し、オーブンシートをつけたまま、つけていないほうを下にして指でなぞりながら型にぴったりと敷き詰める。

7. シートをはがし、ジャムを詰め、表面を平らにならす。側面の生地でジャムを覆うようにレースをつけるように重ねながら折る。折った部分にハケで5.の卵黄を塗る。

8. 7.の上にもう1枚の生地をのせ、表面に残りの卵黄をまんべんなく塗る。フォークの背で線を引き、模様をつける。

9. 温めたオーブンで30分焼く。そのまま庫内に15分置いて余熱で焼いて取り出す。しっかり冷ましてから型から外す。

CONSEJOS ◎フランス側のバスクで中世の頃から作られていたというバスクを代表するケーキ。何世紀にも渡って進化し続け、さまざまな果物が詰められてきたそうです。今はさくらんぼのジャムを詰めたものが人気。スペイン側ではカスタードクリームが主流です。◎やわらかい生地なので、のばすときにオーブンシートを使うと作りやすいです。

Cereza en almíbar
さくらんぼのシロップ漬け

INGREDIENTES 材料(作りやすい分量/でき上がり約1ℓ)

さくらんぼ ------------ 500g(約大38個)
グラニュー糖 -------------------- 350g

PREPARACIÓN 作り方

1. さくらんぼは洗い、軸と種を取る。

2. シロップを作る。鍋に水1と1/2カップとグラニュー糖を入れて混ぜ、中火にかける。

3. グラニュー糖が溶けたら1.を加え、アクを丁寧に取りながら5分煮る。

4. 熱いうちに煮沸消毒した清潔な瓶に詰め、さくらんぼが被るようにシロップをひたひたに注ぐ(瓶の上部分は2cmほどあけておく)。

CONSEJOS ◎さくらんぼの種は専用の種取り器が便利ですが、箸などを使っても。◎冷蔵庫で5日間保存可能。012ページを参照して真空状態になっていれば冷蔵庫で6か月保存可能。

Cerezas al coñac
さくらんぼのブランデー漬け

INGREDIENTES 材料(作りやすい分量/でき上がり約600ml)

さくらんぼ ------------ 300g(約大23粒)
ブランデー ---------------- 2/3〜1カップ
グラニュー糖 -------------------- 大さじ6

PREPARACIÓN 作り方

1. さくらんぼは洗い、軸と種を取る。

2. ボウルにブランデーとグラニュー糖を入れ、グラニュー糖が溶けるまで混ぜる。

3. 煮沸消毒した清潔な瓶に1.のさくらんぼを入れ、2.をひたひたに加える。

4. 蓋をしっかり閉め、2〜3日はときどき瓶をふる。

5. 直射日光と高温を避け、冷暗所で1か月ほど置いたら食べ頃。

CONSEJOS ◎古い修道院の本のレシピです。ブランデーが強めなので、ブランデーを半量にして水を加えると、まろやかになります。◎さくらんぼの種は専用の種取り器が便利ですが、箸などを使っても。◎シナモンスティックを加えてもおいしいです。◎冷蔵庫で5日間保存可能。012ページを参照して真空状態になっていれば冷蔵庫で6か月保存可能。

Cereza en almíbar

Cerezas al coñac

春の保存食　3

さくらんぼ

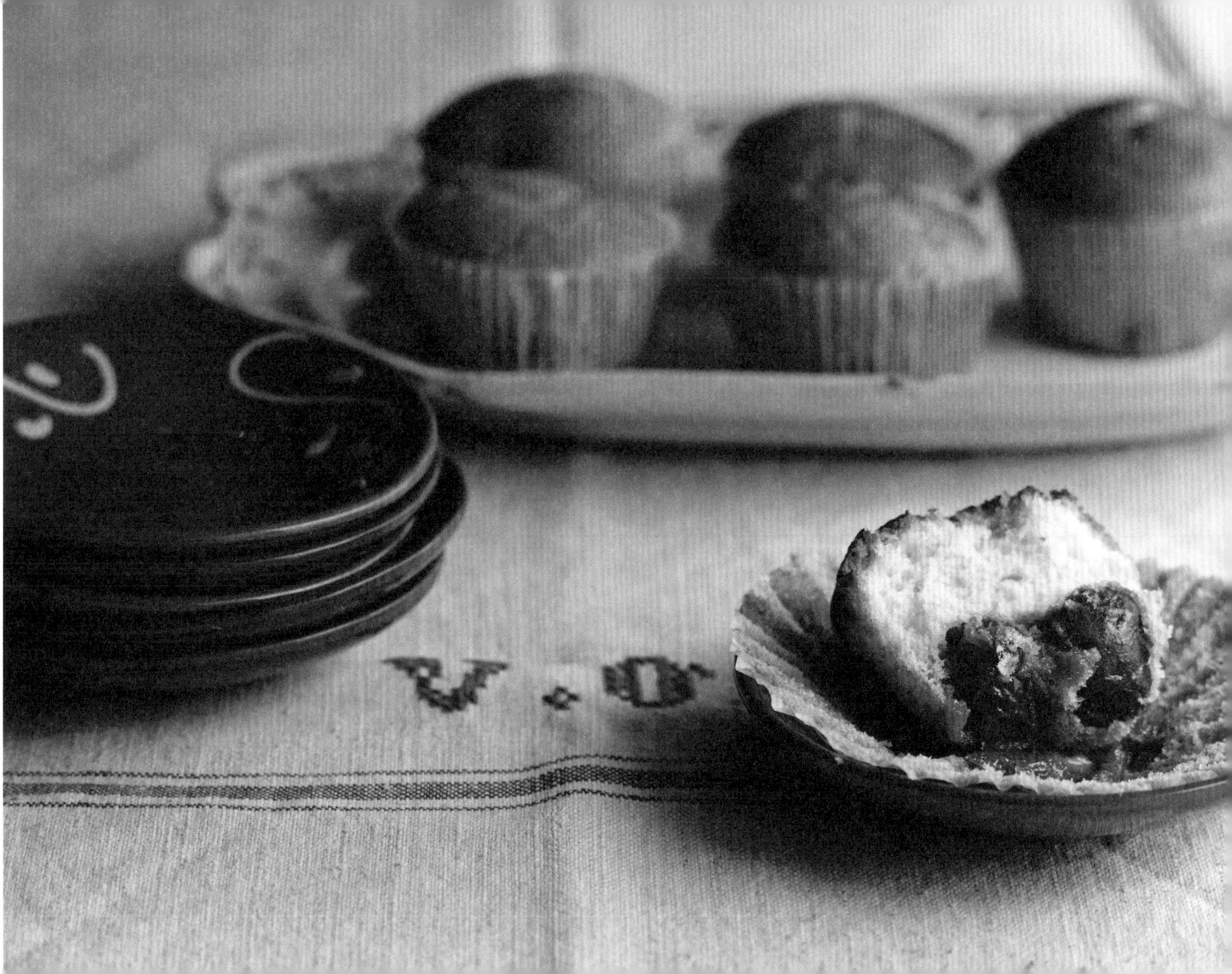

Magdalena de cereza en almíbar
さくらんぼのシロップ漬けのマドレーヌ

INGREDIENTES 材料(直径7cmのマフィン型・10個分)

さくらんぼのシロップ漬け（⟶ *Page. 026*）
------------------------------------20個
薄力粉 --------------------------- 140g
ベーキングパウダー ----------------- 7g
卵 --------------------- 2個（室温に戻す）
グラニュー糖 --------------------- 80g
牛乳 ---------------------------大さじ4
オリーブオイル -----------------大さじ3

PREPARACIÓN 作り方

1. 型にマフィン用のグラシンカップを敷く。薄力粉とベーキングパウダーを合わせてふるう。焼くタイミングに合わせ、オーブンを180℃に温める。

2. ボウルに卵を溶きほぐし、グラニュー糖を加えてハンドミキサーで白っぽくなって倍量になり、もったりするまでしっかり泡立てる。

3. オリーブオイルを加えて混ぜる。牛乳も加えて泡立て器で大きく混ぜる。

4. ふるっておいた粉類を5～6回に分けて加えて混ぜる。1回目はしっかりと、2回目からはゴムベラに持ち替え、切るように混ぜる。

5. 型に生地を流し入れ、それぞれにさくらんぼを2個ずつ入れる。

6. 温めたオーブンで25～30分焼く。中央に竹串を刺して生地がついてこなかったらオーブンから取り出し、フキンを被せて粗熱を取り、型から取り出す。

CONSEJOS ◎なじみ深いフランス語の「マドレーヌ」で記していますが、スペイン語では「マグダレナ」。聖書にも出てくる女性名のお菓子で、マフィンのようなカップ型で作られます。ここではさくらんぼのシロップ漬けをたっぷりと使って、贅沢に。

GUISANTES

［グリーンピース］

さまざまな伝統的な料理にもよく登場します。
風味がよく、甘さ際立つ採り立ては、
たっぷりとゆがいて
スプーンですくって食べます。
味付けは塩とオリーブオイルだけ。
新鮮なものはスジを取ったさやも
スープや煮込みに使います。
保存も欠かしません。

Guisantes Congelados
冷凍グリーンピース

INGREDIENTES 材料（作りやすい分量）

グリーンピース -------------------- 500g

PREPARACIÓN 作り方

1. グリーンピースはさやから取り出す。

2. 水で軽く洗い、ザルに上げて15分置いて水気をきる。さらにフキンまたはペーパータオルで水分をふく。しっかり水気をふかないと、冷凍中にグリーンピース同士がくっついてしまう。

3. 冷凍用保存袋に入れ、空気が抜けるように平らにならして封を閉じて冷蔵庫に入れる。

CONSEJOS ◎調理するときは冷凍したまま使います。◎冷凍庫で1か月保存可能。

Guisantes en conserva
グリーンピースの瓶詰め

INGREDIENTES 材料
（作りやすい分量／でき上がり約500ml）

グリーンピース ------------ 250g（正味）
塩 -------------------------- 大さじ1/2

PREPARACIÓN 作り方

1. グリーンピースはさやから取り出し、水で軽く洗う。

2. 鍋に水2と1/2カップと塩を入れて沸かし、グリーンピースを2分茹でる。

3. 火を止めてそのまま冷ます。

4. 煮沸消毒した清潔な瓶にグリーンピースとグリンピースが被るように煮汁をひたひたに入れて蓋を閉める。

5. 煮沸消毒する。深鍋にフキンを敷き、**4.**の瓶を置く。グリーンピースが見えるところまで水を注ぎ、中火にかける。沸騰寸前で弱火にして20分煮沸して火を止め、蓋をしっかり閉める。

CONSEJOS ◎瓶詰めしたそのままの状態だと傷みやすいので保存には必ず煮沸してください。◎野菜の色が鮮やかではなくなってしまいますが、しっかり真空状態になっていれば冷蔵庫で6か月保存が可能。そのため、少しかために茹でます。

RECETAS CON FRUTAS
Y HORTALIZAS FRESCAS
フレッシュを楽しむレシピ

Crema de guisantes
グリーンピースの
クリームスープ

INGREDIENTES 材料（4人分）

グリーンピース ------- 300g（正味）
玉ねぎ ---------------------- 1個
チキンスープ ------------- 3カップ
バター ---------------------- 15g
塩、こしょう --------------- 各適量

PREPARACIÓN 作り方

1. グリーンピースはさやから取り出す。玉ねぎはみじん切りにする。

2. 鍋にバターを入れて弱火で熱し、玉ねぎを炒める。玉ねぎがしんなりしてきたらグリーンピースを加えて炒める。チキンスープを加えて強火にし、沸騰したら弱火で5分煮る。

3. ブレンダーまたはミキサーでクリーム状に撹拌し、塩とこしょうで味を調える。

Guisantes con jamón

グリーンピースの生ハム炒め

INGREDIENTES 材料(4人分)

冷凍グリーンピース(—» *Page.* 031) --------- 300g
生ハム----------------------------------- 30g
にんにく -------------------------------- 1片
オリーブオイル ---------------------- 大さじ1
塩、こしょう------------------------- 各適量

PREPARACIÓN 作り方

1. 生ハムは4〜5等分に切る。にんにくは薄切りにする。

2. フライパンにオリーブオイル半量を弱火で熱し、生ハムの両面を焼いて取り出す。

3. 同じフライパンに残りのオリーブオイルを加え、にんにくを入れて弱火で炒める。香りが立ったら凍ったままのグリーンピースを加えて全体にオリーブオイルが回るように混ぜながら中火にして炒める。

4. グリンピースに火が通ったら、塩とこしょうで味を調えて皿に盛り、焼いた生ハムをのせる。

CONSEJOS ◎生ハムはカリカリにならないように、少しやわらかいところが残る程度に焼きます。◎冷凍グリーンピースは冷凍庫から出してすぐに使います。

Huevos a la flamenca

フラメンカエッグ

INGREDIENTES 材料(2人分)

瓶詰めまたは冷凍グリーンピース(──» *Page.031*)
-- 50g
玉ねぎ ------------------------------ 1/2個
にんにく ------------------------------ 1片
トマトの瓶詰め(──» *Page. 104*) ------------300g
卵 ------------------------------------ 2個
オリーブオイル ---------------------- 大さじ1
塩 ----------------------------------小さじ1/4

PREPARACIÓN 作り方

1. 玉ねぎとにんにくはみじん切りにする。

2. 小さめのフライパンにオリーブオイルを弱火で熱
   し、玉ねぎを炒める。透明になってしんなりしてき
   たら、にんにくを加えてさらに炒める。

3. 香りが立ったらトマトを加え、木ベラでトマトを潰
   し、水大さじ3と塩を加える。ときどき混ぜながら
   10分煮る。

4. 水気をきったグリーンピース(冷凍グリンピースは
   凍ったまま)を加えて混ぜる。くぼみを作り、そこに
   卵を割り入れる。蓋をして卵黄が半熟状になるま
   で5〜10分煮る。そのままフライパンで食卓に熱々
   を出しても、1人分ずつ皿に取り分けてもよい。

CONSEJOS ◎南のアンダルシア地方でなじみ深い家庭料理
です。半熟卵を崩しながらパンを浸して食べてください。◎フラ
イパンの大きさによってトマトソースの煮詰まり具合が異なりま
す。煮詰まり過ぎるようだったら水を加えて調節してください。

HABAS

〔そら豆〕

聖書にも登場するそら豆はスペインでも歴史が
古く、栄養価も高いことから、広く使われています。
バスク語では「BABA(ババ)」と呼ばれ、
それにまつわる諺や詩がたくさんあり、
花は美しさの形容としても使われます。
小さめのそら豆は薄皮も薄く、そのまま食べられます。

Habas Congeladas
冷凍そら豆

INGREDIENTES 材料(作りやすい分量)

そら豆 -------------------- 500g(正味)

PREPARACIÓN 作り方

1. そら豆はさやから取り出す。

2. 水で軽く洗い、ザルに上げて15分置いて水
   気をきる。さらにフキンまたはペーパータオ
   ルで水分をふく。しっかり水気をふかないと、
   冷凍中にそら豆同士がくっついてしまう。

3. 冷凍用保存袋に入れ、空気が抜けるように
   平らにならして封を閉じて冷蔵庫に入れる。

CONSEJOS ◎冷凍庫で1か月保存可能。

Habas en aceite
そら豆のオイル漬け

INGREDIENTES 材料(作りやすい分量/でき上がり約350ml)

そら豆 --------------------- 250g(正味)
玉ねぎ ------------------------- 25g
オリーブオイル --------------- 1/4カップ
塩 --------------------------小さじ1

PREPARACIÓN 作り方

1. そら豆はさやから取り出し、傷つけないよ
   うに注意しながら薄皮をむく。玉ねぎはみ
   じん切りにする。

2. 鍋にオリーブオイルを弱火で熱し、玉ねぎ
   を5分炒める。

3. そら豆と塩を加えてさっと混ぜ、水大さじ3
   を加えて水気が飛ぶまで炒める。

4. 火を止めてそのまま冷ます。

5. 煮沸消毒した清潔な瓶に4.を詰める。そら
   豆が被るようにオリーブオイル(分量外)を
   瓶の上部は1cmほどあけて注ぐ。

CONSEJOS ◎古い修道院のレシピです。◎油が多い
ので、調理の際は深めのフライパンか鍋が安全です。
◎ワインのおつまみなどにも最適なので、小さな瓶に小
分けして保存してもよいでしょう。◎冷蔵庫で1週間保
存可能。012ページを参照して真空状態になっていれ
ば冷蔵庫で6か月保存可能。

012ページを参照して

RECETAS CON FRUTAS
Y HORTALIZAS FRESCAS
フレッシュを楽しむレシピ

Puré de habas
そら豆のピューレ

INGREDIENTES 材料(作りやすい分量)

そら豆 --------------- 500g(正味)
レモン果汁--------------- 小さじ1
オリーブオイル ----------- 大さじ2
塩、こしょう--------------- 各適量

PREPARACIÓN 作り方

1. そら豆はさやから取り出す。

2. 鍋に塩適量を入れた湯を沸かし、
   3分ほどそら豆を茹でる。茹で汁は
   取り置く。ザルに上げ、粗熱が取れ
   たら薄皮をむく。

3. 皮をむいたそら豆と茹で汁1/2カッ
   プをブレンダーまたはミキサーで
   ピューレ状に撹拌する。レモン果汁
   とオリーブオイルを加えてさらに撹
   拌し、塩とこしょうで味を調える。

CONSEJOS ◎肉、魚料理の付け合わせやバ
ゲットにつけて食べます。

Habas a la menta
そら豆のミント炒め

INGREDIENTES 材料(4人分)

冷凍そら豆(→ *Page.034*)	300g
玉ねぎ	1/2個
にんにく	1片
ミントの葉	10枚
オリーブオイル	大さじ1
塩、こしょう	各適量

PREPARACIÓN 作り方

1. そら豆は薄皮をむく。玉ねぎは粗みじん切りにし、にんにくとミントの葉はみじん切りにする。

2. フライパンにオリーブオイルを弱火で熱し、玉ねぎを炒める。玉ねぎがしんなりしてきたらにんにくを加え、香りが立つまで炒める。

3. そら豆を加え、全体にオリーブオイルが回るように炒め合わせる。

4. そら豆に火が通ったらミントの葉を加え、塩とこしょうで味を調える。

Arroz con habas y nabos
そら豆とかぶの炊き込みごはん

INGREDIENTES 材料(4人分)

そら豆のオイル漬け(—» *Page. 034*) --------- 100g
米 ------------------------------------- 200g
かぶ(葉付き) ------------------------- 200g
にんにく ----------------------------------- 1片
パプリカパウダー(あればスモーク)----- 小さじ1
塩 ------------------------------------- 小さじ1/3
こしょう ------------------------------- 少々
オリーブオイル ---------------------- 大さじ1

PREPARACIÓN 作り方

1. かぶは茎を切り落とし、皮ごと6等分のくし形に切る。葉はざく切りにする。にんにくはみじん切りにする。水2カップを沸かす。

2. 鍋にオリーブオイルとにんにくを入れて弱火で熱する。にんにくの香りが立ったら、米を加えて全体にオリーブオイルが回るように混ぜながら炒める。

3. そら豆とかぶを加えて混ぜ、パプリカパウダー、塩、こしょうをふり、手早く全体を混ぜて熱湯を加える。

4. 再度混ぜて沸騰したらかぶの葉をふる。

5. 蓋をして弱火で12〜13分炊き、火を止めてそのまま15分蒸らす。

CONSEJOS ◎ソーセージやベーコン、肉類を加えればメイン料理にもなります。

ZANAHORIA

〔にんじん〕

料理を作る上で欠かせない野菜のひとつ。
多種多様で一年中食べることができ、
修道院でも植え付けの時期はそれぞれです。
早春のまだ小さめのものはやわらかく、
生で食べると、甘い風味が実感できます。
大きく育ったものはもちろんどんな料理にも
万能ですが、多めに切っておいて
保存するといっそう便利です。
葉はやわらかいところだけを料理に使います。

Zanahorias en conserva

Zanahorias encurtidas

Mermelada de zanahoria

Mermelada de zanahoria
にんじんのジャム

INGREDIENTES 材料
（作りやすい分量／でき上がり約250ml）

にんじん --------------- 400g（約2.5本）
グラニュー糖 ------ 150g（正味量の50%）
レモン果汁 -------------------- 1/2個分

PREPARACIÓN 作り方

1. にんじんは皮をむき、1cm厚さの輪切りにする。

2. 鍋ににんじんを入れ、ひたひたに水を注ぐ。中火にかけ、沸騰したら20分煮る。

3. ザルに上げて1時間置き、水気をきる。

4. 3.をブレンダーまたはミキサーでピューレ状に撹拌する。にんじんの重さを量り、その半量のグラニュー糖を用意する。

5. 鍋に4.とレモン果汁を入れて混ぜ、中火にかける。透明になり、色が濃い色に変わるまでときどき混ぜながら30分煮る。

6. 熱いうちに煮沸消毒した清潔な瓶に詰める。

CONSEJOS ◎オレンジやオレンジ果汁などとも相性がよいです。◎冷蔵庫で2週間保存可能。さらに長期保存する場合は、012ページを参照。

Zanahorias en conserva
にんじんの瓶詰め

INGREDIENTES 材料
（作りやすい分量／でき上がり約1ℓ）

にんじん ----------------- 500g（約3本）
塩 --------------------------- 大さじ1/2

PREPARACIÓN 作り方

1. にんじんは皮をむき、8〜12mm角のスティック状に切る。

2. 鍋に湯を沸かし、にんじんを1分茹で、ザルに上げる。

3. 煮沸消毒した清潔な瓶ににんじんを入れる。

4. 水2と1/2カップに塩をよく混ぜる。

5. 4.をにんじんが被るようにひたひたに注ぎ、足りないようなら水を加えて蓋を閉める。

6. 煮沸消毒する。深鍋にフキンを敷き、瓶を置く。にんじんが見えるところまで水を注ぎ、中火にかける。沸騰寸前に弱火にし、20分煮たら取り出し、蓋をしっかり閉める。

CONSEJOS ◎瓶詰めしたそのままの状態だと傷みやすいので保存には必ず煮沸してください。◎野菜の色が鮮やかではなくなってしまいますが、しっかり真空状態になっていれば冷蔵庫で6か月保存が可能。そのため、少しかために茹でます。

Zanahorias encurtidas
にんじんの酢漬け

INGREDIENTES 材料
（作りやすい分量／でき上がり約600ml）

にんじん ----------------- 500g（約3本）
白ワインビネガー（またはりんご酢）
--------------------------------- 1カップ
グラニュー糖 -------------------- 小さじ1
塩 --------------------------- 小さじ1/4
好みのハーブ
（ローリエ、タイム、ローズマリーなど）--- 少々

PREPARACIÓN 作り方

1. にんじんは皮をむき、せん切りにする。

2. 鍋に水を沸かし、にんじんを1分茹でる。水に取り、粗熱が取れたらザルに上げる。

3. 同じ鍋に水1カップ、白ワインビネガー、グラニュー糖、塩、ハーブを入れ、中火にかける。沸騰したら弱火にし、2分煮る。

4. 煮沸消毒した清潔な瓶ににんじんを詰め、にんじんが被るように3.をひたひたに注ぐ。

CONSEJOS ◎冷蔵庫で4〜5日間保存可能。012ページを参照して真空状態になっていれば冷蔵庫で3か月保存可能。

Caballa con zanahoria encurtida
サバのにんじん酢漬けソテー

CONSEJOS ◎サバはフライパンで焼いても。鮭、アジ、イワシで作ってもおいしいです。

INGREDIENTES 材料(4人分)

サバ(3枚おろし) ---------------- 2尾分
にんじんの酢漬け(—→ Page. 039) ----- 200g
好みのハーブの葉(タラゴン、レモンバーベナ、
　　レモンバーム、ミントなど) ---------- 少々
オリーブオイル ---------- 大さじ1~1と1/2

PREPARACIÓN 作り方

1. サバは水気をふき、全体にオリーブオイルをふる。ロースターまたは200℃に温めたオーブンで火が通るまで15~18分こんがり焼く。

2. 皿にサバを盛り、水気をきったにんじんをのせ、マリネ液適量をかけてハーブの葉をふる。

Zanahorias con frutos secos

にんじんのナッツ炒め

INGREDIENTES 材料(4人分)

にんじんの瓶詰め（→ *Page. 039*）----- 2本分
にんにく ------------------------------- 1片
アーモンドスライス ----------------- 10g
松の実 ------------------------------- 10g
オリーブオイル ------------------小さじ2
塩、こしょう---------------------- 各適量

PREPARACIÓN 作り方

1. にんにくは薄切りにする。アーモンドは粗みじんに切る。

2. フライパンにオリーブオイル、にんにく、アーモンドスライス、松の実を入れ、中火で焦げないように炒める。

3. にんにくの香りが立ったら、水気をきったにんじんを加えてさっと炒め合わせる。全体にオイルが回ったら、味を見て、塩とこしょうで味を調える。

CONSEJOS ◎善き羊飼いの修道院ではクミンシードやカルダモンを使うこともあります。

CONSERVAS DE PRIMAVERA N° 06 040 — 041

Zanahorias al horno
にんじんのハーブオーブン焼き

INGREDIENTES 材料(4人分)

にんじん ------------------------3本
好みのハーブ(タイム、ミント、ディル、
イタリアンパセリなど) ------------ 適量
オリーブオイル ---------- 大さじ1と1/2
塩、こしょう ------------------ 各適量

PREPARACIÓN 作り方

1. にんじんは皮付のまま、縦4〜6等分に切る。

2. オーブンシートを敷いた天板ににんじんを並べる。オリーブオイルを回しかけ、ハーブ、塩、こしょうをふり、全体を混ぜる。

3. 220℃に温めたオーブンで15分焼く。

CONSEJOS ◎やわらかい春にんじんだとあっという間に焼き上がります。その際は焼き時間を加減してください。◎クミン、パプリカ、マスタード、シナモンなど、好みのスパイスやハーブを加えて楽しんでも。

Crema de zanahoria
にんじんのクリームスープ

INGREDIENTES 材料(4人分)

にんじん ------------------------2本
玉ねぎ ------------------------ 1/2個
にんにく ------------------------1片
チキンスープ ------------2と1/2カップ
牛乳 ------------------------ 1カップ
オリーブオイル ---------------- 大さじ1
塩、こしょう ------------------ 各適量

PREPARACIÓN 作り方

1. にんじんは皮をむき、5mm厚さの輪切りにする。玉ねぎとにんにくは薄切りにする。

2. 鍋にオリーブオイルを中火で熱し、1.を焦げないように混ぜながら5分炒める。

3. チキンスープを加え、沸騰したら蓋をして弱火で15分煮る。

4. ブレンダーなどでピューレ状に撹拌する。

5. 牛乳を加えて混ぜ、塩とこしょうで味を調える。

Magdalena de zanahoria
にんじんのマドレーヌ

INGREDIENTES 材料(直径7cmのマフィン型・8個分)

にんじん ------------------------150g
薄力粉 ------------------------100g
ベーキングパウダー ---------------- 3g
塩 ---------------------- ひとつまみ
卵 ------------------ 2個(室温に戻す)
グラニュー糖 -------------------- 80g
オリーブオイル ------------------80ml
粉砂糖 ------------------------- 適量

PREPARACIÓN 作り方

1. 型にグラシンカップを敷く。薄力粉、ベーキングパウダー、塩は合わせてふるう。にんじんはシュレッダーまたは包丁でごく細いせん切りにする。焼くタイミングに合わせ、オーブンを180℃に温める。

2. ボウルに卵を溶き、グラニュー糖を加えてハンドミキサーで白っぽくなって倍量になり、もったりするまでしっかり泡立てる。

3. オリーブオイルを加えて混ぜる。

4. ふるっておいた粉類を5〜6回に分けて加えて混ぜる。1回目はしっかりと、2回目からはゴムベラに持ち替え、切るように混ぜたらにんじんを加えて混ぜる。

5. 型に生地を流し、温めたオーブンで20分焼く。中央に竹串を刺して生地がついてこなかったらオーブンから取り出す。フキンを被せて粗熱を取り、型から取り出す。

CONSEJOS ◎くるみなどを入れてもおいしいです。

REMOLACHA

〔ビーツ〕

ほうれん草の仲間で、南ヨーロッパ諸国が原産になります。
スペインではバスクが主要産地。本来は海の近くに生える野生の植物であったこともあり、
塩分を好み、塩田近くのサン・ファン・デ・アクレ修道院ではおいしいビーツができるそうです。

Remolacha fermentada
発酵ビーツ

INGREDIENTES 材料
（作りやすい分量／でき上がり約1ℓ）

ビーツ ------------------- 400g（約3個）
塩 ---------------- 15g（水に対して3％）
野菜（残ったビーツ、大根など） ------ 適量

PREPARACIÓN 作り方

1. ビーツはよく洗って泥を落とす。皮をむき、5mm角の細切りにする。

2. 煮沸消毒した清潔な瓶にビーツを麺棒などで押しながら隙間なく7分目まで詰める。

3. ボウルに水2と1／2カップと塩を入れ、塩が溶けるまで混ぜる。

4. ビーツの瓶にひたひたに浸る程度に3.を注ぐ。瓶の蓋に合わせて切った野菜を重し代わりにのせて蓋を軽く被せ、直射日光が当たらない場所に置く。発酵して泡が溢れたときのために瓶を皿の上に置くとよい。

5. 3～5日置くと、白い泡状の酵母が出てくるので木のスプーンで取る。途中塩水が蒸発し、表面からビーツが出てきたら再度3％の塩水（分量外）を作って足す。

6. 白く濁っているのが消えて透明になり、酸味が出てきたら食べ頃。蓋を閉めて冷蔵庫に入れて保存する。酸味が足りないようならば、さらに発酵させる。

CONSEJOS ◎発酵ビーツは善き羊飼いの修道院で教わったもの。交流しているポーランドの修道女たちから伝授されたそうです。◎暑い日は2日程度で白い酵母が出てきます。気温によりますが、1～2週間発酵の様子を見ます。◎冷蔵庫に入れると発酵がほぼ止まります。◎冷蔵庫で1か月保存可能。

Remolacha encurtida
ビーツの酢漬け

INGREDIENTES 材料
（作りやすい分量／でき上がり約500ml）

ビーツ ----------------- 400g（約3個）
白ワインビネガー（またはりんご酢）
---------------------------- 1／2カップ
はちみつ -------------------- 大さじ1／2
塩 ------------------------- 小さじ1／4

PREPARACIÓN 作り方

1. ビーツはよく洗って泥を落とす。鍋にたっぷりの水とビーツを入れ、沸騰したら弱火で30分茹でる。

2. ビーツを取り出して粗熱を取る。

3. 冷めたら皮をむき、5mm厚さの輪切りにして煮沸消毒した清潔な瓶に詰める。

4. 鍋に水1／2カップ、白ワインビネガー、はちみつ、塩を入れて中火にかける。沸騰したら弱火で3分煮る。

5. ビーツが被るようにひたひたに4.を注ぐ（瓶の上部は2cmほどあけておく）。

CONSEJOS ◎しょうがスライスや黒粒こしょうを入れる修道院もあります。◎冷蔵庫で4～5日間保存可能。012ページを参照して真空状態になっていれば冷蔵庫で3か月保存可能。

Remolacha encurtida

Remolacha fermentada

Gazpacho de remolacha encurtida
ビーツのガスパチョ

INGREDIENTES 材料(4人分)

ビーツの酢漬け(—➤ *Page. 044*) --------- 80g
トマト----------------------------- 2個
玉ねぎ ------------------------- 1/4個
パン(白い部分)----------------- 20g
オリーブオイル------------------大さじ2
りんご酢 ------------------------大さじ1
おろしにんにく----------------------少々
塩 ------------------------小さじ1/4

PREPARACIÓN 作り方

1. 水気をきったビーツ、トマト、玉ねぎはざく切りにしてパンと水大さじ4とともにミキサーにかけ、なめらかになるまで撹拌する。

2. オリーブオイル、りんご酢、にんにくを加え、塩で味を調える。

CONSEJOS
◎生のにんにくは強いのでごく少々、好みによって量を加減してください。

Sándwich de remolacha fermentada

ビーツのサンドイッチ

INGREDIENTES 材料(4人分)

発酵ビーツ(⟶ Page. 044) ----------------- 100g
フリルレタス(またはレタス) ---------------- 6枚
ディル ---------------------------------- 1本
修道院のマヨネーズ(⟶ Page. 062) ------- 大さじ2
食パン(8枚切り) ----------------------- 2枚

PREPARACIÓN 作り方

1. レタスは食べやすい大きさに切る。

2. ディルはみじん切りにしてマヨネーズと混ぜる。

3. 食パン4枚の片面に2.を塗る。2枚に水気をきったビーツとレタスを重ねてそれぞれ残りのパンで挟み、半分に切る。

Verduras de primavera encurtidas

Verduras de primavera en conserva

VERDURAS DE PRIMAVERA

〔春野菜〕

残った春野菜を合わせて、次に使うために保存したり、
多めに切っておいて、いつでもすぐに使えるようにするのも修道女たちの知恵。
ここでは春の初めまでに採れる芽キャベツも加えています。

Verduras de primavera encurtidas
春野菜ミックスの酢漬け

INGREDIENTES 材料
（作りやすい分量/でき上がり約500ml）

春野菜（グリーンピース、にんじん、
ホワイトアスパラガス、芽キャベツを合わせて）
-------------------------- 200〜300g
りんご酢 ---------------------- 1/2カップ
グラニュー糖 -------------------- 大さじ1
塩 ----------------------------- 小さじ1

PREPARACIÓN 作り方

1. グリーンピースはさやから取り出す。にんじんは1cm厚さの半月に切る。ホワイトアスパラガスは根元2cmを切り落としてピーラーで皮をむき、2〜3等分に切る。芽キャベツは大きければ半分に切る。

2. 鍋に塩適量（分量外）を入れたたっぷりの湯を沸かす。1.の野菜をそれぞれかために3分ほど茹で、冷水に取って水気をきる。さらにフキンまたはペーパータオルでしっかり水気をふく。

3. 煮沸消毒した清潔な瓶に2.の野菜を入れる。

4. 鍋に水1カップ、りんご酢、グラニュー糖、塩を入れる。中火にかけて沸騰したら、瓶の野菜が被るようにひたひたに注ぐ（瓶の上部は2cmほどあけておく）。

CONSEJOS ◎野菜は大きさにもよりますが、それぞれ茹で時間が異なるので時差をつけて取り出します。◎冷蔵庫で4〜5日間保存可能。012ページを参照して真空状態になっていれば冷蔵庫で2〜3か月保存可能。

Verduras de primavera en conserva
春野菜ミックスの瓶詰め

INGREDIENTES 材料
（作りやすい分量/でき上がり約1ℓ）

春野菜（にんじん、ホワイトアスパラガス、
芽キャベツ合わせて）-------- 450〜500g
塩 ----------------------------- 小さじ1

PREPARACIÓN 作り方

1. にんじんは1cm厚さの輪切りにして2〜4等分に切る。ホワイトアスパラガスは根元2cmを切り落とし、ピーラーで皮をむき、2〜3等分に切る。芽キャベツは大きければ半分に切る。

2. 鍋に塩適量（分量外）を入れたたっぷりの湯を沸かす。1.の野菜をそれぞれかために3分ほど茹で、水気をきる。

3. 煮沸消毒した清潔な瓶に2.の野菜を入れる。

4. 水2と1/2カップに塩を加えてよく混ぜ、瓶の野菜が被るようにひたひたに注ぎ、蓋を閉める。

5. 煮沸消毒する。深鍋にフキンを敷き、4.の瓶を置く。野菜が見えるところまで水を注ぎ、中火にかける。沸騰寸前に弱火にして20分煮沸して取り出し、しっかり蓋を閉める。

CONSEJOS ◎瓶詰めしたそのままの状態だと傷みやすいので保存には必ず煮沸してください。◎野菜の色が鮮やかではなくなってしまいますが、しっかり真空状態になっていれば冷蔵庫で6か月保存が可能。そのため、少しかために茹でます。

Verduras de primavera congeladas

冷凍春野菜ミックス

INGREDIENTES 材料（作りやすい分量）

にんじん ----------------- 160g（約1本）
そら豆 -------------------- 100g（正味）
グリーンピース ------------- 30g（正味）

PREPARACIÓN 作り方

1. にんじんは薄い輪切りにする。そら豆と
   グリーンピースはさやから取り出して軽く
   洗い、水気をよくきる。

2. さらにフキンまたはペーパータオルで1.の
   水分をふく。しっかり水気をふかないと、冷
   凍中に野菜同士がくっついてしまう。

3. 冷凍用保存袋に入れ、空気が抜けるよう
   に平らにならして封を閉じて冷蔵庫に入
   れる。

CONSEJOS ◎調理するときは冷凍したまま使います。
◎冷凍庫で1か月保存可能。

Filete de ternera a la jardinera
牛肉の庭師風

INGREDIENTES 材料(4人分)
春野菜ミックスの瓶詰め（—→ *Page. 049*）--- 200g
牛焼き肉用肉(肩ロースやもも肉など)--- 300g
薄力粉 ----------------------------- 少々
玉ねぎ ----------------------- 1/2個
白ワイン -------------------- 1/2カップ
薄力粉 ----------------------- 大さじ1
オリーブオイル ------------ 大さじ1と1/2
塩、こしょう----------------- 各適量

PREPARACIÓN 作り方

1. 牛肉は塩とこしょうをふる。薄力粉適量(分量外)を薄くまぶす。玉ねぎはみじん切りにする。

2. フライパンにオリーブオイル大さじ1を中火で熱し、1.の牛肉の両面を焼いて取り出す。

3. 残りのオリーブオイルを足して玉ねぎを炒め、薄力粉を加えて炒める。粉気がなくなったら白ワインを少しずつ加えてダマにならないようによく混ぜる。水大さじ3を少しずつ加えて混ぜる。

4. 水気をきった春野菜ミックスを加えてとろりとするまで炒め合わせる。水が足りないようなら加え、塩とこしょうで味を調える。

5. 焼いた牛肉を皿に盛り、4.をかける。

Pescado con verduras de primavera

魚のムニエル 春野菜クリームソース

INGREDIENTES 材料(4人分)

冷凍春野菜ミックス（⟶ *Page.050*）---- 200g
白身魚（タイ、タラ、カレイなどの切り身）
----------------------------------- 4切れ
白ワイン --------------------- 1/4カップ
生クリーム ------------------- 1/2カップ
粒マスタード --------------------小さじ2
薄力粉 ------------------------- 適量
塩 ----------------------- 小さじ1/4
こしょう ----------------------------少々
オリーブオイル ------------------大さじ1

PREPARACIÓN 作り方

1. 白身魚は塩とこしょう各少々（ともに分量外）をふり、薄力粉を薄くまぶす。

2. フライパンにオリーブオイルを中火で熱し、1.の白身魚の両面を色づくまで焼いて取り出す。

3. 同じフライパンに凍ったままの春野菜ミックスを加えて炒め合わせ、水分がなくなったら魚を戻し入れて白ワインを加えて煮詰める。

4. 生クリーム、粒マスタード、塩、こしょうを加えて魚が崩れないように全体を絡め、少しとろりとするまで煮る。

Sopa de acelgas con pan
春野菜のスープ

INGREDIENTES 材料(4人分)

スイスチャード ---------------------4本
グリーンアスパラガス ---------------4本
新じゃがいも ------------------- 小2個
新玉ねぎ ----------------------- 小1個
タイム --------------------------2本
バゲット(スライス) ----------------3枚
チキンスープ -------------2と1/2カップ
オリーブオイル ---------------- 大さじ1
塩、こしょう-------------------- 各適量

PREPARACIÓN 作り方

1. スイスチャードは茎と葉に分け、それぞれ3cm幅に切る。グリーンアスパラガスは根元のかたい部分を切り落とし、3cm長さに切る。新じゃがいもは4〜6等分に、新玉ねぎは4等分に切る。バゲットは4等分に切る。

2. 鍋にオリーブオイルを中火で熱し、バゲットを炒める。こんがりしたらチキンスープ、新じゃがいも、新玉ねぎ、タイムを加えて蓋をして5分煮る。

3. グリーンアスパラガスとスイスチャードを加えて火が通ったら、塩とこしょうで味を調える。

CONSEJOS ◎スイスチャードも春が旬の野菜です。ほんのりと苦味のある葉野菜でバスクの家庭料理に欠かせません。

Menestra de verduras con huevo
メネストラ 卵添え

INGREDIENTES 材料(4人分)

間引きにんじん
-------------- 8本(またはにんじん1本)
グリーンアスパラガス --------------8本
かぶ ---------------------------2個
ブロッコリー -------------------- 1/4個
さやえんどう --------------------8枚
長ねぎ ------------------------ 1/2本
にんにく ------------------------2片
茹で卵 --------------------------2個
オリーブオイル ---------------- 大さじ1
塩、こしょう-------------------- 各適量

PREPARACIÓN 作り方

1. 間引きにんじんの葉は切り落とす。普通のにんじんを使う場合は、縦に4〜6等分に切り、さらに半分の長さに切る。グリーンアスパラガスは根元のかたい部分を切り落とし、半分に切る。かぶはよく洗い、あれば茎を5cmほど残し、皮付きのまま縦半分に切って茎と葉はざく切りにする。ブロッコリーは小房に分ける。さやえんどうは筋を取る。長ねぎは4cm長さに切り、縦4〜5等分に切る。にんにくは薄切りにする。

2. 鍋に塩適量を入れた湯を沸騰させ、にんじん、グリーンアスパラガス、かぶ、ブロッコリー、さやえんどうを茹でる。好みのかたさになったものから取り出して冷水に取り、水気をきる。

3. フライパンにオリーブオイルを中火で熱し、長ねぎとにんにくを炒める。にんにくの香りが立ったら、2.の野菜を加えて炒め合わせ、塩とこしょうで味を調える。

4. 皿に盛り、半分に切った茹で卵を添える。

ESPÁRRAGO BLANCO

〔ホワイトアスパラガス〕

育てるのが難しいホワイトアスパラガス。
修道院では栽培することはありませんが、
ご近所からおすそ分けをいただくことも。
バスクでもたくさん生産していますが、
なんといってもお隣りのナバラ地方が
名産地として名高いです。
4月から収穫が始まり、5月が最もおいしく、
春を心待ちしている人たちも多いです。

春の保存食　ご近所さんのおすそ分け

Espárragos en conserva
ホワイトアスパラガスの瓶詰め

INGREDIENTES 材料
（作りやすい分量／でき上がり約800ml）

ホワイトアスパラガス ----- 500g（約9本）
レモン果汁-------------------- 1/2個分
塩 -------------------------- 小さじ1/2

PREPARACIÓN 作り方

1. ホワイトアスパラガスは根元2cmを切り落とし、ピーラーで皮をむく。瓶の高さに合わせて長さを調節して切る。皮は取り置く。

2. 鍋に水3カップと塩を入れて沸かし、レモン果汁を加えて取り置いた皮とホワイトアスパラガスを入れて茹でる。細いものは1分、太いものは2分茹でる。水に取り、粗熱を取る。煮汁は取り置き、スープに使う。

3. 瓶にホワイトアスパラガスを詰める。

4. ボウルに水と塩を入れ、塩が溶けるまで混ぜ、瓶にひたひたに注いで蓋を閉める。

5. 沸騰消毒する。深鍋にフキンを敷き、4.の瓶を置く。たっぷりの水を注ぎ、中火にかける。沸騰寸前に弱火にして30〜40分煮沸して取り出し、蓋をしっかり閉める。

CONSEJOS ◎瓶詰めしたそのままの状態だと傷みやすいので保存には必ず煮沸してください。◎野菜の色が鮮やかではなくなってしまいますが、しっかり真空状態になっていれば冷蔵庫で6か月保存が可能。そのため、少しかために茹でます。

USANDO LA PIEL SOBRANTE
残った煮汁を使って

Sopa de tomate con piel de espárragos blancos
ホワイトアスパラガスの煮汁とトマトスープ

INGREDIENTES 材料（3〜4人分）

ホワイトアスパラガスの煮汁 ------- 3カップ
ベーコン（ブロック）------------------ 30g
にんにく --------------------------- 2片
バゲット---------------------------- 50g
トマトソース（→ *Page. 105*）--------- 大さじ1
パプリカパウダー（あればスモーク）
------------------------------- 小さじ1
卵 ------------------------------- 1個
オリーブオイル -------------------- 大さじ1
塩、こしょう---------------------- 各適量

PREPARACIÓN 作り方

1. にんにくはみじん切りにし、ベーコンは5mm角に切る。バゲットは2cm角に切る。

2. 鍋にオリーブオイル、にんにく、ベーコンを弱火で熱し、焦げないように香ばしく炒める。

3. バゲットを加え、全体に油が回るように炒め合わせる。

4. トマトソースとパプリカパウダーを加えて混ぜる。ホワイトアスパラガスの煮汁を加え、沸騰したら弱火にして10分煮る。足りないようなら水を足す。

5. 再度一度沸騰させたら中火にし、卵を溶いて加え、表面でさっと混ぜる。味を見て、塩とこしょうで味を調える。

CONSEJOS ◎ホワイトアスパラガスの茹で汁もよい香りがするので、スープに使ってみてください。

春の保存食

ご近所さんのおすそ分け

Espárragos con vinagreta de huevo

ホワイトアスパラガスの茹で卵 ビナグレットソースがけ

INGREDIENTES 材料(4人分)

ホワイトアスパラガスの瓶詰め(——» **Page. 055**)
---------------------------------- 4本
茹で卵 --------------------------- 1個
イタリアンパセリのみじん切り ------ 小さじ1
白ワインビネガー（またはりんご酢）--- 大さじ1
オリーブオイル ------------------ 大さじ1
塩 --------------------------- 小さじ1/4
こしょう ------------------------- 少々

PREPARACIÓN 作り方

1. 茹で卵はみじん切りにする。

2. ボウルで白ワインビネガー、オリーブオイル、塩、こしょうを入れて混ぜ、ホワイトアスパラガスを加えて軽く混ぜる。

3. 皿に水気をきったホワイトアスパラガスを並べ、茹で卵をのせ、イタリアンパセリをふる。

CONSEJOS ◎マルタ修道院で教わったレシピです。まろやかに仕上げたいときはりんご酢を使ってください。

BOQUERÓN

〔カタクチイワシ〕

カタクチイワシの漁期は4〜5月が最盛期。
水温が暖かくなると、ビスケー湾に
カタクチイワシの群れが集まってきます。
海に近い修道院では漁師さんに
おすそ分けして貰うこともあります。
カタクチイワシの鮮度を保ち、
風味を高めるための伝統的な酢漬けがあります。
スペイン全土で食べられていて、
市場や魚屋さんでも売られています。
手作りするときは鮮度のよいものを使います。
手開きしたら必ず-20℃以下の冷凍庫に
少なくとも24時間は冷凍してください。
その後冷蔵庫で解凍して丁寧に水洗いします。
でき上がりは前菜やタパスとして、オリーブオイル、
にんにくとイタリアンパセリのみじん切りを
ふっていただきます。
保存する時はそのままオリーブオイルに漬けます。

Boquerones en vinagre
カタクチイワシの酢漬け

INGREDIENTES 材料(作りやすい分量)

カタクチイワシ -------------- 適量
白ワインビネガー ----------- 適量
オリーブオイル -------------- 適量
塩 -------------------------- 適量

CONSEJOS ◎アニサキスによる食中毒予防
のため、新鮮なイワシを選び、速やかに内臓を
取って手開きしたのち-20℃以下の冷凍庫で
24時間以上凍らせます。調理する際はゆっくり
冷蔵庫で解凍してから使ってください。◎冷蔵
庫で2〜3日間保存可能。

PREPARACIÓN 作り方

1. カタクチイワシは手開きし、流水でよく洗う。ペーパータオルで水気をよくふく。

2. ラップの上に重ならないように並べ、その上にラップを被せ、冷凍用保存袋に入れる。-20℃以下で24時間以上冷凍で寝かす。

3. 冷凍庫から冷蔵庫に移し、自然解凍する。

4. 3.をバットに並べ、塩をふる。白ワインビネガーをまんべんなくふり、ラップを被せて3時間〜ひと晩冷蔵庫に置く。漬ける時間が長いほど、身がかたくなるので好みで時間を調節する。

5. 白ワインビネガーを捨て、オリーブオイルをひたひたに注ぐ。

春の保存食　庭のハーブを使って

ACEITE DE HIERBAS

〔ハーブオイル〕

新鮮なハーブの香りをオリーブオイルに移し、
その風味を料理に使って楽しみます。
カリッとトーストしたパンに塗ったり、
サラダにはもちろん、魚介、肉料理、
お菓子作りまでいろいろと活用できます。
小さな瓶で好きなハーブを組み合わせて
楽しんでみてください。

Aceite de romero
ローズマリーのハーブオイル

INGREDIENTES 材料
(作りやすい分量／でき上がり約500ml)

ローズマリー ---------------------- 2枝
オリーブオイル（ピュア）---------- 1カップ
オリーブオイル（エキストラヴァージン）
------------------------- 1と1/4カップ

PREPARACIÓN 作り方

1. ローズマリーはさっと洗い、ペーパータオルで水気をしっかりふく。

2. 煮沸消毒した清潔な瓶にローズマリーを入れ、2種のオリーブオイルを注ぐ。

3. 蓋を閉めて直射日光と高温を避け、冷暗所で3週間以上置いたら使いどき。

CONSEJOS ◎日本でも比較的手に入りやすいローズマリー。少し余ったときなどにも作れます。◎肉や魚をローストするときや、茹でたじゃがいも、スープや煮込み料理に少し垂らすだけでも変化が楽しめます。◎ハーブに水気が残ると、細菌の増殖の温床になります。漬ける前は水気をよくふき、清潔な乾いたフキンの上に少し置いておくとよいでしょう。◎腐敗の原因になるので、常にローズマリーがオイルで覆われているようにしてください。◎長く漬けるほど味が濃くなります。3週間ほどしてローズマリーを取り出すと、より繊細な風味が楽しめます。◎濁る、分離するなど、オイルの劣化の兆候が少しでも見られたら廃棄してください。◎冷暗所で3〜6か月保存可能。

Aceite de tomillo, salvia y laurel

タイム、セージ、ローリエのハーブオイル

INGREDIENTES 材料
(作りやすい分量／でき上がり約500ml)

タイム ---------------------------- 3枝
セージ---------------------------- 1枝
ローリエ -------------------------- 6枚
オリーブオイル（ピュア）---------- 1カップ
オリーブオイル（エキストラヴァージン）
------------------------- 1と1/4カップ

PREPARACIÓN 作り方

1. ハーブ類はさっと洗い、ペーパータオルで水気をしっかりふく。

2. 煮沸消毒した清潔な瓶に1.を入れ、2種のオリーブオイルを注ぐ。

3. 蓋を閉めて直射日光と高温を避け、冷暗所で3週間以上置いたら使いどき。

CONSEJOS ◎爽やかな香りのハーブをミックスして作るハーブオイルです。◎ハーブに水気が残ると、細菌の増殖の温床になります。漬ける前は水気をよくふき、清潔な乾いたフキンの上に少し置いておくとよいでしょう。◎腐敗の原因になるので、常にハーブがオイルで覆われているようにしてください。◎長く漬けるほど味が濃くなります。3週間ほどしてハーブを取り出すと、より繊細な風味が楽しめます。◎濁る、分離するなど、オイルの劣化の兆候が少しでも見られたら廃棄してください。◎冷暗所で3〜6か月保存可能。

Aceite de romero

Aceite de
tomillo, salvia y laurel

VINAGRE DE HIERBAS

〔ハーブビネガー〕

ビネガーはハーブに触れると香りを吸収します。
風味を邪魔しない白ワインビネガーがおすすめ。
スープやガスパチョに加えたり、
魚介や肉料理のクセを和らげたり、
爽やかさをプラスしたいときに
少し加えるだけでも料理を引き立てます。

Vinagre de romero
ローズマリーのハーブビネガー

INGREDIENTES 材料
（作りやすい分量／でき上がり約250ml）

ローズマリー ----------------------- 3枝
白ワインビネガー --------------- 1カップ

PREPARACIÓN 作り方

1. ローズマリーはさっと洗い、ペーパータオルで水気をしっかりふく。
2. 煮沸消毒した清潔な瓶にローズマリーを入れ、被るように白ワインビネガーをひたひたに注ぐ。
3. 蓋を閉めて直射日光と高温を避け、冷暗所で2週間以上置いたら使いどき。ローズマリーを取り出す。

CONSEJOS ◎冷蔵庫で1～2か月保存可能。さらに長期保存する場合は012ページを参照。◎濁る、分離するなど、ビネガーの劣化の兆候が少しでも見られたら廃棄してください。

Vinagre de menta
ミントのハーブビネガー

INGREDIENTES 材料
（作りやすい分量／でき上がり約250ml）

ミントの葉------------------------20枚
白ワインビネガー --------------- 1カップ

PREPARACIÓN 作り方

1. ミントの葉はさっと洗い、ペーパータオルで水気をしっかりふく。
2. 煮沸消毒した清潔な瓶にミントの葉を入れ、白ワインビネガーを注ぐ。
3. 蓋を閉めて直射日光と高温を避け、冷暗所で2週間以上置いたら使いどき。ミントの葉を取り出す。

CONSEJOS ◎冷蔵庫で1～2か月保存可能。さらに長期保存する場合は012ページを参照。◎濁る、分離するなど、ビネガーの劣化の兆候が少しでも見られたら廃棄してください。

Vinagre de romero

Vinagre de menta

COLUMNA　　　**LAS GALLINAS DEL CONVENTO**　修道院の養鶏

修道院の養鶏

「どの子も性格が違うのよ。気性の激しい子もいれば、おとなしい子もいるの」と修道長のマザー・ピラール。善き羊飼いの修道院の一角には小さな鶏小屋と広い遊び場があり、たくさんの鶏がいます。中には青い卵を産むアローカナもいれば、真っ白な烏骨鶏までいて、とてもにぎやかです。

どこの修道院も大なり小なり養鶏場があり、採卵のために鶏を飼育しています。善き羊飼いの修道院・カルメル会は、肉を食べない会派なので卵は大切なタンパク源でもあるのです。2回目に訪問した際もご自慢の採り立て卵をお土産にいただきました。その卵が大きさも色も違うのがなんともかわいらしいのです。旅の途中で目玉焼きや卵焼きにしてみましたが、それぞれ品種によって味の違いがあるものの、どれも黄身がほんのり甘く、はっきりとした旨味が感じられ、「確かにひと味違う！」と思わずうなずきました。

Mayonesa de convento
修道院のマヨネーズ

INGREDIENTES 材料(作りやすい分量)

卵	1個
サラダ油	3/4カップ
白ワインビネガー(またはレモン果汁)	適量
塩	適量

PREPARACIÓN 作り方

1. ブレンダー用のカップに卵を割り入れる。サラダ油を加えたら、ブレンダーを入れ、先が底に当たるように立て、動かさずにとろみがつくまで撹拌する。

2. とろみがついたらブレンダーの先を少し上げてさらに撹拌し、かためにとろみがついたら、白ワインビネガーを少しずつ加えて混ぜ、好みの酸味ととろみに調節し、塩で味を調える。

CONSEJOS
◎生卵を使っているので早めに使い切りましょう。

夏の保存食

CONSERVAS DE VERANO

バスクの春の豊富な雨と暖かい気温が果物や野菜の成長を促進させ、修道院の夏の庭は実りでにぎやかになります。

6月24日は洗礼者聖ヨハネ（スペイン語ではサン・ファン）誕生の祭日。修道院でもこの日をお祝いします。一般的には「聖ヨハネの日」は夏至の祭り。古代からあった夏至祭とほぼ同じ日にあたるので、重ね合わせるようになり、中世以来「聖ヨハネ祭」と呼ばれるようになりました。夏至（6月21日または22日）は太陽がいちばん高く昇り、植物の活力も頂点に達するといわれています。農民にとっては折り返し地点とされ、夏至の日は盛大に祝われたのでした。修道院では意味合いが違うものの、庭での変化は同じです。聖ヨハネの祝日は夏の始まりの日を教えてくれる日でもあるのです。

7月、8月。樹木は果実をたくさん実らせ、鮮やかな色の野菜や青々と繁ったハーブで庭は活気に満ちています。修道女たちの労働時間は収穫作業で忙しくなり、たくさん採れた野菜や果物は保存しなくてはいけません。トマトやピーマンなど、料理のベースになるものを秋と冬に備えて保存するのも大切な夏仕事。プラムや黄桃など、果物のジャムやシロップ煮も、冬になって瓶をあけたときの喜びがまたひとしおです。そのためにも保存作業に時間を費やします。

CIRUELA

〔プラム〕

どの修道院でも、春の終わりから夏にかけてたくさんの実をつけます。
赤、緑、黄、黒など、色も種類もさまざま。
サンタマリア修道院では緑色のグリーンゲージという品種のプラムを毎年ジャムにするそう。
とても甘いので糖分は控えめに、シナモンやクローブなどのスパイスを入れて楽しみます。

Compota de ciruela

Mermelada
de ciruela roja

Mermelada de ciruela roja
プラムのジャム

INGREDIENTES 材料（作りやすい分量／でき上がり約500ml）
プラム ------------------ 600g（約10個）
グラニュー糖 ------ 280g（正味量の50%）
レモン果汁-------------------- 1/4個分

PREPARACIÓN 作り方

1. プラムは洗い、水気をふく。半分に切って種を取り、皮がついたままぶつ切りにする。果肉の重さを量り、その半量の重さのグラニュー糖を用意する。

2. ボウルに1.とレモン果汁を入れて混ぜ、涼しいところに6時間置く。

3. プラムから出た水分ごと鍋に入れ、中火にかけて沸騰したらアクを丁寧に取る。弱めの中火でときどき混ぜながらとろりとするまで20〜25分煮る。

4. 熱いうちに煮沸消毒した清潔な瓶に詰める。

CONSEJOS ◎冷蔵庫で2週間保存可能。さらに長期保存する場合は、012ページを参照。

Compota de ciruela
プラムのコンポート

INGREDIENTES 材料（作りやすい分量／でき上がり約450ml）
プラム ------------------ 600g（約10個）
グラニュー糖 ------- 80g（正味量の14%）

PREPARACIÓN 作り方

1. プラムは洗い、水気をふく。半分に切って種を取り、皮をむいてぶつ切りにする。果肉の重さを量り、その14%の重さのグラニュー糖を用意する。

2. 鍋に1.を入れて混ぜ、中火にかける。沸騰したらアクを丁寧に取る。弱めの中火でときどき混ぜながらとろりとするまで10〜15分煮る。

3. 火を止めてそのまま冷まし、煮沸消毒した清潔な瓶に詰める。

CONSEJOS ◎コンポートは果物に水や砂糖を加えてジャムのように作りますが、糖度が14〜15%と少なく、またそれ以下のものをいいます。◎ジャムと違い、レモン果汁は風味付けなので好みで加えてください。◎自然な味わいで糖分が抑えられ、身体にもやさしく、赤ちゃんの離乳食としても知られています。ヨーロッパの家庭では古くから保存食として親しまれています。スペインの修道院でも、どこも日常的に作っています。そのまま食べたり、ヨーグルトに添えたり、ジャムと同じように保存しているところも少なくありません。◎市販のものはペースト状にしているものが多いですが、果物の崩れ加減、潰し方は好みで加減してください。ちなみにワインなどお酒で果物を煮るものも、コンポートと呼ばれています。日本ではこのほうがなじみ深いかもしれません。◎冷蔵庫で2〜3日、冷凍庫で1か月保存可能。冷凍する場合は保存容器または冷凍用保存袋に入れ、食べる際は冷蔵庫に入れて解凍してください。◎さらに長期保存する場合は、012ページを参照して真空状態になっていれば冷蔵庫で6〜8か月保存可能。

Ciruelas pasas
ドライプラム

INGREDIENTES 材料（作りやすい分量）
プラム --------------------------- 適量

PREPARACIÓN 作り方

1. プラムはオーブンシートを敷いた木箱に並べ、麻または綿の布をかけて直射日光に当たる風通しのよい場所に置く。

2. 毎日裏返し、1か月ほどしたら清潔な瓶に入れて保存する。

CONSEJOS ◎サン・ファン修道院の天日干しの方法です。2〜3週間で乾燥するそうですが、日本ではより時間が必要かと思います。◎両面がよく乾くように毎日裏返します。◎雨の日や湿気の多い夜は室内の風通しのよいところに移してください。◎急な雨のときはビニールをかけます。◎虫とほこりが入らないようにするのがいちばん肝心なので、布できちんと覆ってください。◎煮沸消毒した清潔な瓶に入れ、冷暗所で9〜10か月保存可能。

Pollo con ciruelas pasas
鶏肉とドライプラムの煮込み

INGREDIENTES 材料（4人分）

鶏手羽元 ----------------------- 8本
ドライプラム（ → *Page. 065*）---------- 8個
玉ねぎ ---------------------- 1/2個
白ワイン ------------------ 1/2カップ
オリーブオイル --------------- 大さじ1
塩、こしょう------------------ 各適量

PREPARACIÓN 作り方

1. 鶏手羽元は塩とこしょうをふる。玉ねぎ
   はみじん切りにする。

2. 鍋にオリーブオイルを中火で熱し、鶏手
   羽元の表面をこんがり焼いて取り出す。

3. 同じ鍋で玉ねぎを弱火で炒める。玉ね
   ぎがしんなりしたら鶏手羽元を戻し入
   れ、ドライプラムと白ワインを加える。沸
   騰したら蓋をして弱火で20分煮る。途
   中水分がなくなりそうになったら水適
   量を加えて塩とこしょうで味を調える。

Helado de
compota de ciruela
プラムのコンポートアイスクリーム

INGREDIENTES 材料(4人分)

プラムのコンポート(──▶ Page. 065) -- 140g
生クリーム ------------------- 1カップ
グラニュー糖 -------------------12g

PREPARACIÓN 作り方

1. プラムは水気をきって冷凍庫に入れ、凍らせる。

2. ボウルに生クリームとグラニュー糖を入れ、泡立て器でとろりとするまで7分立てに泡立てる。

3. 2.に凍らせたコンポートを加えて混ぜ、保存容器に入れて冷凍庫で冷やしかためる。

HIGO

〔いちじく〕

夏の果物の中でも人気のいちじく。
横広がりの木は手入れがあまり必要なく、
修道院でも育てやすく、
年代物の木があるところが多いです。
スペインの品種は小さくて皮が薄く、
紫や緑の色をしたものが多く、
その果肉はとろけるような濃厚な甘味。
8月下旬から9月は熟しておいしくなります。

Mermelada de higo y pera
いちじくと洋梨のジャム

INGREDIENTES 材料
(作りやすい分量／でき上がり約450ml)

いちじく	300g（約5個）
洋梨	250g（約1個）
グラニュー糖	230g（正味量の50%）
レモン果汁	1/2個分

PREPARACIÓN 作り方

1. いちじくは洗い、水気をふく。ヘタを取って皮がついたまま粗みじんに切る。皮が気になる場合は皮をむいてもよい。洋梨は洗い、水気をふく。皮をむき、芯と種を取って2cm角に切る。両方の果肉の重さを量り、その半量の重さのグラニュー糖を用意する。

2. 鍋に1.とレモン果汁を入れて混ぜ、中火にかけて沸騰したらアクを丁寧に取る。弱めの中火でときどき混ぜながらとろりとするまで20〜25分煮る。

3. 熱いうちに煮沸消毒した清潔な瓶に詰める。

CONSEJOS ◎冷蔵庫で2週間保存可能。さらに長期保存する場合は、012ページを参照。

Mermelada de higo y mora con clavo
いちじくとブラックベリーのクローブ風味ジャム

INGREDIENTES 材料
(作りやすい分量／でき上がり約200ml)

いちじく	240g（約4個）
ブラックベリー	60g（約10個）
グラニュー糖	120g（正味量の50%）
レモン果汁	1/4個分
クローブ	2本

PREPARACIÓN 作り方

1. いちじくは洗い、水気をふく。ヘタを取って皮がついたままぶつ切りにする。皮が気になる場合は皮をむいてもよい。ブラックベリーは洗い、水気をふく。いちじくとブラックベリーの重さを量り、その半量の重さのグラニュー糖を用意する。

2. 鍋に1.とレモン果汁を入れて混ぜ、中火にかけて沸騰したらアクを丁寧に取る。弱めの中火でときどき混ぜながらとろりとするまで10分煮る。

3. クローブを加えてさらに5〜10分煮る。

4. 熱いうちに煮沸消毒した清潔な瓶に詰める。

CONSEJOS ◎冷蔵庫で2週間保存可能。さらに長期保存する場合は、012ページを参照。

**Mermelada
de higo y pera**

**Mermelada
de higo y mora con clavo**

夏 の 保 存 食

2   い ち じ く

Mermelada
de higo al vino blanco

Mermelada
de higo con chocolate

Mermelada
de higo al vino blanco
いちじくと白ワインのジャム

INGREDIENTES 材料
（作りやすい分量／でき上がり約350ml）

いちじく-------------------- 540g（約9個）
白ワイン ---1と1/4カップ（正味量の50%）
グラニュー糖 ------200g（正味量の50%）
レモン果汁-------------------- 1/2個分

PREPARACIÓN 作り方

1. いちじくは洗い、水気をふく。ヘタを取り、ぶつ切りにする。皮が気になる場合は皮をむいてもよい。果肉の重さを量り、その半量の重さの白ワインとグラニュー糖を用意する。

2. 鍋に1.、白ワイン半量、レモン果汁を入れて混ぜ、中火にかけて沸騰したらアクを取る。弱めの中火でときどき混ぜながらとろりとするまで10分煮る。

3. 残りの白ワインを加えて、ときどき混ぜながらさらに10〜15分煮る。

4. 熱いうちに煮沸消毒した清潔な瓶に詰める。

CONSEJOS ◎冷蔵庫で2週間保存可能。さらに長期保存する場合は、012ページを参照。

Mermelada
de higo con chocolate
いちじくとチョコレートのジャム

INGREDIENTES 材料
（作りやすい分量／でき上がり約400ml）

いちじく-------------------- 500g（約8個）
グラニュー糖 ------ 200g（正味量の40%）
ダークチョコレート（クーベルチュール）
-------------------------------- 50g

PREPARACIÓN 作り方

1. いちじくを洗い、水気をふく。ヘタを取り、ぶつ切りにする。皮が気になる場合は皮をむいてもよい。果肉の重さを量り、その40%のグラニュー糖を用意する。

2. ボウルに1.を入れて混ぜ、涼しいところに1時間以上置く。

3. いちじくから出た水分ごと鍋に入れ、中火にかけて沸騰したらアクを丁寧に取る。弱めの中火でときどき混ぜながらとろりとするまで20分煮る。

4. その間にチョコレートを細かく刻む。鍋の火を止め、3.に加えて木ベラで溶けるまで混ぜる。

5. 熱いうちに煮沸消毒した清潔な瓶に詰める。

CONSEJOS ◎冷蔵庫で2週間保存可能。さらに長期保存する場合は、012ページを参照。

Ensalada de lechuga y hierbas con vinagreta de mermelada

レタスとハーブのサラダ
いちじくと白ワインのジャムの
ビナグレットソース

INGREDIENTES 材料(4人分)

レタス（フリルレタス、コスレタス、ルッコラなど）
------------------------------200～250g
好みのハーブ（レモンバーム、ミントなど）---- 適量
［ビナグレットソース］
　　白ワインビネガー ------------------ 大さじ1
　　オリーブオイル -------------------- 大さじ5
　　いちじくと白ワインのジャム（—» Page.071 ）
　　------------------------------------- 大さじ1
　　塩、こしょう ----------------------- 各適量

PREPARACIÓN 作り方

1. レタスとハーブは食べやすい大きさに切る。

2. ビナグレットソースの材料を混ぜる。

3. 皿にレタスとハーブを盛り、2.をかける。ソースと和えてから皿に盛ってもよい。

Tarta de queso con mermelada de higo y pera
いちじくと洋梨のジャムのチーズケーキ

INGREDIENTES 材料（直径15cmの角型・1台分）

いちじくと洋梨のジャム（—→ *Page.068*）-- 大さじ6〜8
クリームチーズ ------------- 350g（室温に戻す）
板ゼラチン ---------------------------- 10g
コンデンスミルク ---------------------- 150g
レモン果汁------------------------- 大さじ2
［ビスケット生地］
　　ビスケット（小麦胚芽クラッカー）------- 80g
　　バター（無塩）---------------------- 50g

PREPARACIÓN 作り方

1. 型にラップを敷き詰める。

2. ビスケット生地を作る。ビスケットはボウルに入れて砕き、湯煎または電子レンジで溶かしたバターを加え、ゴムベラでよく混ぜる。型の底に平らに敷き詰め、冷蔵庫に入れて冷やす。

3. 板ゼラチンはたっぷりの水に浸してふやかす。

4. ボウルにクリームチーズを入れてなめらかになるまでゴムベラで練る。コンデンスミルクを加えて泡立て器で混ぜる。

5. レモン果汁を軽く温め、水気を絞った板ゼラチンを入れて溶かす。

6. 4.のボウルに加えてよく混ぜ、2.の上に敷き詰める。冷蔵庫で2〜3時間置き、冷やしかためる。

7. ラップごと型から取り出し、好みの大きさに切る。皿にのせてジャムをのせる。

Higos en almíbar
いちじくのシロップ漬け

INGREDIENTES 材料
（作りやすい分量／でき上がり約600ml）

いちじく -------------------- 500g（約8個）
グラニュー糖 --------------------- 500g
レモン果汁 -------------------- 1/4個分

PREPARACIÓN 作り方

1. いちじくは洗い、水気をふく。いちじくの重さを量り、同量の重さのグラニュー糖を用意する。

2. 鍋にいちじくとひたひたの水を入れて中火にかける。沸騰したら5分煮て、いちじくを取り出して冷ます。

3. 竹串で数か所穴をあけてシロップが染みやすくする。

4. 2.の鍋の水を捨て、いちじくと同量の水を用意する。鍋に水、グラニュー糖、レモン果汁を入れて中火にかける。グラニュー糖が溶けたら弱火にし、2.のいちじくをそっと加えて弱火で1時間煮て、火を止める。熱いうちに煮沸消毒した清潔な瓶に詰める。いちじくが被るようにシロップをひたひたに注ぐ（瓶の上部は2cmほどあけておく）。

CONSEJOS ◎少し熟し始めているいちじくがよいです。◎冷蔵庫で5日間保存可能。さらに長期保存する場合は、012ページを参照。真空状態になっていれば冷蔵庫で6か月保存可能。

Compota de higo
いちじくのコンポート

INGREDIENTES 材料
（作りやすい分量／でき上がり約400ml）

いちじく -------------------- 500g（約8個）
グラニュー糖 ------- 70g（正味量の14％）

PREPARACIÓN 作り方

1. いちじくを洗い、水気をふく。ヘタを取ってぶつ切りにする。皮が気になる場合は皮をむいてもよい。果肉の重さを量り、その14％の重さのグラニュー糖を用意する。

2. 鍋に1.を入れて混ぜ、中火にかけて沸騰したらアクを丁寧に取る。弱めの中火でときどき混ぜながらとろりとするまで10〜15分煮る。

3. 熱いうちに煮沸消毒した清潔な瓶に詰める。

CONSEJOS ◎冷蔵庫で2〜3日、冷凍庫で1か月保存可能。冷凍する場合は保存容器または冷凍用保存袋に入れ、食べる際は冷蔵庫に入れて解凍してください。◎さらに長期保存する場合は、012ページを参照して煮沸すれば、冷蔵庫で6〜8か月保存可能。

Higos en almíbar

Compota de higo

Higos secos
ドライいちじく

INGREDIENTES 材料(作りやすい分量)

いちじく ---------------------------- 適量
米粉 ------------------------------- 適量

PREPARACIÓN 作り方

1. いちじくはオーブンシートを敷いた木箱に並べ、麻または綿の布をかける。毎日裏返しながら、直射日光に当たる風通しのよい場所に置く。

2. 3日〜1週間して乾燥したら米粉をまぶしていちじくの湿り気を取り、清潔な瓶に入れて保存する。

CONSEJOS ◎両面がよく乾くように毎日裏返します。◎雨の日や湿気の多い夜は室内の風通しのよいところに移してください。◎急な雨のときはビニールをかけます。◎虫とほこりが入らないようにするのがいちばん肝心なので、布できちんと覆ってください。◎煮沸消毒した清潔な瓶に入れ、冷暗所で10〜12か月保存可能。冷凍庫でも保存可能。

Higos secos con nueces
ドライいちじくのくるみサンド

INGREDIENTES 材料(4人分)

ドライいちじく -------------------- 8個
くるみ(無塩・ロースト) ------------- 8粒

PREPARACIÓN 作り方

1. ドライいちじくは横半分に端まで切り込みを入れる。

2. ドライいちじくの間にくるみを挟む。

Melocotón

〔黄桃〕

桃というとスペインでは黄桃が主流。
種類はさまざまですが、
黄色、もしくは赤みがかった黄色が多いです。
果肉はとても香り豊か。
真夏に熟し、やわらかくジューシーになると、
おいしさのピークを迎えます。
生で食べることはもちろん、
伝統的なシロップ漬けがポピュラーです。

Melocotón
en almibar

Mermelada
de melocotón y kiwi

Mermelada
de melocotón y manzana

Mermelada
de melocotón y kiwi
黄桃とキウイフルーツのジャム

INGREDIENTES 材料
（作りやすい分量／でき上がり約400ml）

黄桃 -------------------- 300g（約2個）
キウイフルーツ ------------ 260g（約2個）
グラニュー糖 ------250g（正味量の50%）
レモン果汁-------------------- 1/2個分

PREPARACIÓN 作り方

1. 黄桃は包丁で種に沿うように切り込みを
   入れ、ねじって半分に割る。スプーンで種
   を取り、皮をむいて2cm角に切る。キウイ
   フルーツは皮をむき、2cm角に切る。両方
   の果肉の重さを量り、その半量の重さのグ
   ラニュー糖を用意する。

2. ボウルに1.とレモン果汁を入れて混ぜ、涼
   しいところに2時間置く。

3. 果物から出た水分ごと鍋に入れ、中火に
   かけて沸騰したらアクを丁寧に取る。弱め
   の中火でときどき混ぜながらとろりとする
   まで20〜25分煮る。

4. 熱いうちに煮沸消毒した清潔な瓶に詰める。

CONSEJOS ◎冷蔵庫で2週間保存可能。さらに長期
保存する場合は、012ページを参照。

Mermelada
de melocotón y manzana
黄桃とりんごのジャム

INGREDIENTES 材料
（作りやすい分量／でき上がり約400ml）

黄桃 -------------------- 300g（約2個）
りんご -------------------- 250g（約1個）
グラニュー糖 ------230g（正味量の50%）
レモン果汁-------------------- 1/2個分

PREPARACIÓN 作り方

1. 黄桃は包丁で種に沿うように切り込みを
   入れ、ねじって半分に割る。スプーンで種
   を取り、皮をむいて2cm角に切る。りんご
   は皮をむいて芯と種を取り、2cm角に切
   る。両方の果肉の重さを量り、その半量の
   重さのグラニュー糖を用意する。

2. ボウルに1.とレモン果汁を入れて混ぜ、涼
   しいところに2時間置く。

3. 果物から出た水分ごと鍋に入れ、中火に
   かけて沸騰したらアクを丁寧に取る。弱め
   の中火でときどき混ぜながらとろりとする
   まで20〜25分煮る。

4. 熱いうちに煮沸消毒した清潔な瓶に詰める。

CONSEJOS ◎冷蔵庫で2週間保存可能。さらに長期
保存する場合は、012ページを参照。

Melocotón en almíbar
黄桃のシロップ漬け

INGREDIENTES 材料
（作りやすい分量／でき上がり約1ℓ）

黄桃 -------------------- 700g（約4個）
グラニュー糖 -------------------- 250g

PREPARACIÓN 作り方

1. 黄桃は包丁で種に沿うように切り込みを
   入れ、ねじって半分に割る。スプーンで種
   を取り、皮をむく。

2. 鍋に水2と1/2カップとグラニュー糖を入
   れて沸騰したら中火で10分煮る。

3. 1.を加えて弱火で15分煮て、火を止める。

4. 煮沸消毒した清潔な瓶に黄桃を詰め、黄
   桃が被るよう熱々のシロップをひたひたに
   注ぐ（瓶の上部は2cmほどあけておく）。

CONSEJOS ◎冷蔵庫で5日間保存可能。さらに長期
保存する場合は、012ページを参照してしっかり真空状
態になっていれば冷蔵庫で6か月保存可能。

夏の保存食　3　黄桃

Lomo de cerdo
con melocotón

豚肉と黄桃の
シロップ漬けの煮込み

INGREDIENTES 材料(4人分)

黄桃のシロップ漬け(⟶ Page.079) ---- 2個分
豚ロース切り身肉 ------------------ 4枚
玉ねぎ ------------------------- 1/2個
白ワイン ----------------------- 1/4カップ
白ワインビネガー ----------------大さじ2
オリーブオイル ------------------大さじ1
塩、こしょう---------------------- 各適量

PREPARACIÓN 作り方

1. 玉ねぎはみじん切りにする。豚肉はスジに
   切り込みを入れ、両面に塩とこしょうをふ
   る。黄桃は4〜5等分に切る。

2. フライパンにオリーブオイルを中火で熱し、
   豚肉の両面をこんがり焼いて取り出す。

3. 同じフライパンで玉ねぎを炒める。しんな
   りしてきたら、豚肉を戻し入れ、白ワインを
   加えて沸騰したら2分加熱する。黄桃を加
   え、蓋をして弱火で15分煮る。

4. 煮汁が煮詰まったら白ワインビネガーを加
   え、フライパンを揺すりながら5分煮る。

Hojaldre con frutas
お祝いのフルーツパイ

INGREDIENTES 材料(18cm角・1枚分)

マザー・マリア・アルムデナのパイ生地 ---200g
黄桃のシロップ漬け(→ Page.079) -----1個分
キウイフルーツ -----------------------1個
バナナ ----------------------------1本
ブルーベリー ----------------------- 適量
ぶどう(種なし) ----------------- 2〜3粒
[カスタードクリーム]
　卵黄 ----------------------- 2個分
　牛乳 ----------------- 1と1/4カップ
　グラニュー糖----------------- 30g
　コーンスターチ ---------------- 25g
　レモンの皮のすりおろし --------少々

PREPARACIÓN 作り方

1. ブルーベリー以外の果物とシロップ漬けのプラムをそれぞれ薄切りにする。オーブンを200℃に温める。

2. パイ生地はオーブンシートの上で20cm角、厚さ3mm程度に麺棒でのばし、四方の端を1cm折り返す。フォークで全面にところどころに穴をあけ、端の内側の4辺に細長く切ったオーブンシートをのせて重石をのせる。

3. 天板にのせて温めたオーブンで20分焼き、取り出して粗熱を取る。

4. カスタードクリームを作る。牛乳1/2カップとコーンスターチを混ぜる。鍋に残りの牛乳を入れて沸騰寸前まで弱火で温めたら火を止める。ボウルに卵黄とグラニュー糖を混ぜ、温めた牛乳を加えて素早く泡立て器で混ぜる。鍋に戻し入れ、コーンスターチを溶いた牛乳とレモンの皮を加えて弱火でとろりとするまで木ベラで混ぜる。

5. 焼いたパイ生地のオーブンシートと重石を取る。カスタードクリームを塗り、その上に1.を並べる。

CONSEJOS ◎修道院では重石の代わりにひよこ豆を使います。

COLUMNA

HOJALDRE DE LA MADRE MARÍA ALMUDENA マザー・マリア・アルムデナのパイ生地

INGREDIENTES 材料(直径20cmパイ皿・1台分)

薄力粉 ------------------------125g
強力粉 ------------------------125g
塩 ------------------------------ 5g
バター(無塩) ------------------250g
冷水 ------------------------ 125ml

PREPARACIÓN 作り方

1. バターは1〜2cm角に切り、冷蔵庫で冷やしておく。

2. 粉類と塩は合わせてふるっておく。強力粉(分量外)を麺棒と台にふっておく。

3. 大きなボウルにふるった粉と塩を入れる。冷たいバターを加え、溶けないように素早くバターが粉で覆われるよう指でポロポロになるまで混ぜる。

4. すぐに冷水を加え、バターの形が残り、丸められる程度に混ぜる。

5. 打ち粉(分量外)をふった台に生地をのせ、麺棒で1cmほどの厚さの長方形にのばす。端から1/3を折り、さらに反対側も端から1/3を重ねるように折る。この際に重ねる面に打ち粉がついていた

ら払い落とす。麺棒で折った部分がつくように軽く押す。ラップで包み、冷蔵庫で1時間休ませる。

6. 強力粉(分量外)をふった台に生地を再びのせ、折り目を手前にして5.のように「のばし、折る」をなめらかになるまで5〜6回繰り返し、冷蔵庫で再び休ませる。

CONSEJOS ◎生地が台に付着したり、やわらかくなってしまったときは冷蔵庫に入れて冷やしてください。◎冷蔵庫で2日間保存可能。冷凍する場合は、生地を平らにのばしてラップに包み、1か月保存可能。使う際は冷蔵庫で自然解凍する。

NECTARINA

〔ネクタリン〕

中国で生まれ、古代ペルシャ、ギリシャ、ローマで栽培されてきた黄桃の仲間です。
表面は桃のようなうぶ毛がなくて赤色。果肉の色は黄桃と同じ、
オレンジ色や黄色ですが、果肉は黄桃よりしっかりしています。
酸味が強めですが、香りも豊か。
加熱しても風味がよいので、コンポートやジャムもおいしく作れます。

Mermelada
de nectarina y manzana
ネクタリンとりんごのジャム

INGREDIENTES 材料
（作りやすい分量/でき上がり約350ml）

ネクタリン -------------- 200g（約大1個）
りんご ----------------- 250g（約小1個）
グラニュー糖 ------200g（正味量の50%）
レモン果汁-------------------- 1/4 個分

PREPARACIÓN 作り方

1. 黄桃は包丁で種に沿うように切り込みを
   入れ、ねじって半分に割る。スプーンで種
   を取り、皮をむく。りんごは皮をむいて芯
   と種を取り、小さな角切りにする。両方の
   果肉の重さを量り、その半量の重さのグラ
   ニュー糖を用意する。

2. ボウルに1.とレモン果汁を入れて混ぜ、涼し
   いところに1時間以上置く。

3. 果物から出た水分ごと鍋に入れ、中火に
   かけて沸騰したらアクを丁寧に取る。弱め
   の中火でときどき混ぜながらとろりとする
   まで20〜25分煮る。

4. 熱いうちに煮沸消毒した清潔な瓶に詰める。

CONSEJOS ◎冷蔵庫で2週間保存可能。さらに長期
保存する場合は、012ページを参照。

Mermelada de nectarina,
naranja y especias
ネクタリンとオレンジの
スパイス風味ジャム

INGREDIENTES 材料
（作りやすい分量/でき上がり約200ml）

ネクタリン -------------- 200g（約大1個）
オレンジ ----------------- 200g（約1個）
グラニュー糖 ------125g（正味量の50%）
レモン果汁-------------------- 1/4個分
クローブ ------------------------- 2粒
スターアニス --------------------- 2個

PREPARACIÓN 作り方

1. ネクタリンは包丁で種に沿うように切り込
   みを入れ、ねじって半分に割る。スプーンで種
   を取り、皮をむいて小さな角切りにする。

2. オレンジは皮をむき、白い筋と種を取り、ざ
   く切りにする。両方の果肉の重さを量り、そ
   の半量の重さのグラニュー糖を用意する。

3. ボウルに1.、2.、レモン果汁を入れて混
   ぜ、涼しいところに1時間以上置く。

4. 果物から出た水分ごと鍋に入れ、中火にか
   けて沸騰したらアクを丁寧に取る。クローブ
   とスターアニスを加え、弱めの中火で混ぜ
   ながらとろりとするまで20〜25分煮る。

5. 熱いうちに煮沸消毒した清潔な瓶に詰める。

CONSEJOS ◎冷蔵庫で2週間保存可能。さらに長期
保存する場合は、012ページを参照。

Mermelada
de nectarina y manzana

Mermelada de nectarina,
naranja y especias

夏の保存食 4
ネクタリン

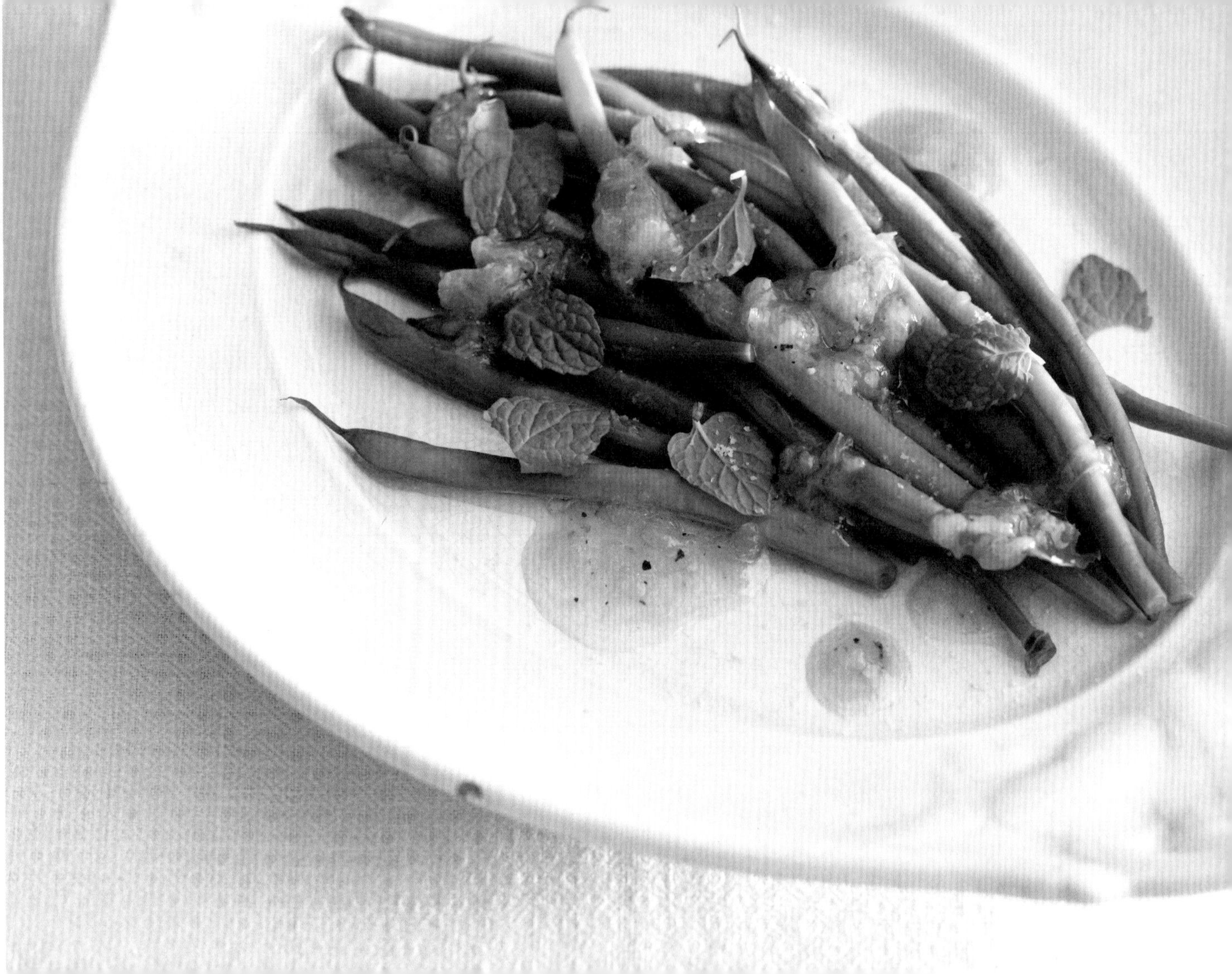

Ensalada de judias verdes con vinagreta de mermelada

いんげんのサラダ
ネクタリンとオレンジの
スパイス風味ジャムの
ビナグレットソース

INGREDIENTES 材料(4人分)

さやいんげん ------------------ 200g
ミントの葉 --------------------- 12枚
［ビナグレットソース］
　ネクタリンとオレンジのスパイス風味ジャム
　(→ *Page. 084*) -------------- 大さじ4
　白ワインビネガー ------------ 大さじ4
　オリーブオイル -------------- 大さじ2
　塩、こしょう ------------------ 各適量

PREPARACIÓN 作り方

1. さやいんげんはヘタを切り落とす。鍋に塩ひとつまみ(分量外)を入れた湯を沸かし、2〜3分茹でる。冷水に取り、水気をきる。

2. ビナグレットソースの材料を混ぜる。

3. 皿に1.を盛ってミントの葉を散らし、ビナグレットソースをかける。

Batido de yogur con nectarina

ネクタリンのヨーグルトドリンク

INGREDIENTES 材料(2人分)

ネクタリン ---------------------- 1個
プレーンヨーグルト(無糖) --- 3/4カップ
はちみつ ----------------------- 適宜

PREPARACIÓN 作り方

1. ネクタリンは包丁で種に沿うように切り込みを入れ、ねじって半分に割る。スプーンで種を取り、皮をむく。

2. 1.とヨーグルトをブレンダーまたはミキサーでなめらかになるまで撹拌し、好みではちみつを加えて混ぜる。

Sauté de nectarina

ネクタリンのソテー

INGREDIENTES 材料(4人分)

ネクタリン ---------------------- 2個
バター ------------------------- 15g

PREPARACIÓN 作り方

1. ネクタリンは包丁で種に沿うように切り込みを入れ、ねじって半分に割る。スプーンで種を取り、皮をむく。

2. フライパンを弱火で熱し、バターを溶かし、ネクタリンをこんがり焼く。

CONSEJOS ◎善き羊飼いの修道院で教わったデザートです。アイスクリームを添えてもおいしいです。

ALBARICOQUE

〔あんず〕

アジア原産でローマ人とアラブ人によってスペインにもたらされました。
修道院でも古くから、生のままはもちろん、果実が壊れやすく傷みやすいことから
お菓子や、ジャム、リキュール、ドライフルーツとしても活用してきました。
今でもその甘酸っぱい風味を生かした保存食の代表的な存在です。

Mermelada
de albaricoque con miel
あんずとはちみつのジャム

INGREDIENTES 材料
(作りやすい分量／でき上がり約400ml)

あんず ----------------- 500g(約8個)
はちみつ ----------------------- 200g
レモン果汁------------------- 1/4個分

PREPARACIÓN 作り方

1. あんずは包丁で種に沿うように切り込みを入れ、ねじって半分に割り、スプーンで種を取る。

2. ボウルに果肉、はちみつ、レモン果汁を入れて混ぜ、涼しいところに2時間置く。

3. あんずから出た水分ごと鍋に入れる。中火にかけて沸騰したらアクを丁寧に取り、弱めの中火で混ぜながらとろりとするまで15〜20分煮る。

4. 熱いうちに煮沸消毒した清潔な瓶に詰める。

CONSEJOS ◎冷蔵庫で2週間保存可能。さらに長期保存する場合は、012ページを参照。

Mermelada
de albaricoque con vainilla
あんずとバニラのジャム

INGREDIENTES 材料
(作りやすい分量／でき上がり約400ml)

あんず ----------------- 200g(約8個)
はちみつ ------------------------ 200g
レモン果汁-------------------- 1/4個分
バニラビーンズ -------------------- 2cm

PREPARACIÓN 作り方

1. あんずは包丁で種に沿うように切り込みを入れ、ねじって半分に割り、スプーンで種を取る。バニラビーンズは縦に切りこみを入れ、中の種をナイフでこそげ取る。さやは取り置く。

2. ボウルに果肉、はちみつ、レモン果汁を入れて混ぜ、涼しいところに2時間置く。

3. あんずから出た水分ごと鍋に入れる。中火にかけて沸騰したらアクを丁寧に取り、弱めの中火でときどき混ぜながらとろりとするまで15分煮る。

4. バニラビーンズと取り置いたさやを加えて混ぜ、さらに5〜10分煮る。

5. 熱いうちに煮沸消毒した清潔な瓶に詰める。

CONSEJOS ◎冷蔵庫で2週間保存可能。さらに長期保存する場合は、012ページを参照。

Mermelada
de albaricoque con miel

Mermelada
de albaricoque con vainilla

Zumo de mermelada de albaricoque

あんずとはちみつのジャムのシナモンドリンク

INGREDIENTES 材料（4人分）

あんずとはちみつのジャム（⟶ Page. 088）--	大さじ6
レモン果汁 --------------------------	小さじ2
シナモンパウダー -----------------------	適量

PREPARACIÓN 作り方

1. ジャムを水差しに入れ、水4カップを加えて木ベラでよく混ぜる。
2. レモン果汁を加えてさらに混ぜる。
3. グラスに注ぎ、シナモンパウダー少々をふる。ジャムが沈澱するので混ぜながら飲む。

Soufflé de albaricoque

あんずとバニラのジャムのスフレ

INGREDIENTES 材料（容量95mlのココット・6個分）

あんずとバニラのジャム（⟶ Page. 088）----	大さじ3
牛乳 --------------------------------	1カップ
卵 ------------------------	2個（室温に戻す）
グラニュー糖 --------------------------	30g
コーンスターチ ----------------------	小さじ2
オリーブオイル -------------------------	適量

PREPARACIÓN 作り方

1. ココットにオリーブオイルを塗り、グラニュー糖（分量外）をまぶす。オーブンを180℃に温める。

2. 鍋に牛乳を入れて沸騰寸前まで温め、火を止める。

3. 卵は卵白と卵黄に分け、それぞれボウルに入れる。卵黄を入れたボウルにグラニュー糖半量を入れて白っぽくなるまで泡立て器で混ぜる。そこへコーンスターチを加えてよく混ぜる。温めた牛乳を少し加えて混ぜ、残りを加えてさらに混ぜる。鍋に戻し入れ、中火にかけてゴムベラでとろりとするまで混ぜ、火を止めて粗熱を取る。

4. 卵白を泡立てる。白っぽくなってきたら残りのグラニュー糖を入れ、ツノが立つまで泡立てる。

5. 3.に泡立てた卵白1/3量を加えて泡立て器で混ぜる。残りは2回に分けてゴムベラで下から持ち上げるように混ぜる。

6. ココットに入れて表面を平にならし、指でココットの縁をなぞってきれいにする。

7. 温めたオーブンで表面が膨らみ、ほんのり焦げ色がつくまで10〜13分焼く。

8. オーブンから取り出し、ジャムをのせる。

Albaricoque en almíbar
あんずのシロップ漬け

INGREDIENTES 材料（作りやすい分量/でき上がり約400ml）

あんず（完熟）------------------ 500g（約8個）
グラニュー糖 -------------------------- 500g

PREPARACIÓN 作り方

1. あんずは洗い、水気をふく。包丁で種に沿うように切り込みを入れ、ねじって半分に割り、スプーンで種を取る。
2. 鍋にグラニュー糖と水1ℓを入れて中火にかけ、かき混ぜながら5分煮る。
3. 熱いうちに煮沸消毒した清潔な瓶にあんずを詰め、あんずが被るように2.をひたひたに注ぐ（瓶の上部は2cmほどあけておく）。

CONSEJOS ◎冷蔵庫で5日間保存可能。012ページを参照して真空状態になっていれば6か月保存可能。冷蔵庫で保管してください。

Albaricoque
en almíbar con nata
あんずのシロップ漬け 生クリーム添え

INGREDIENTES 材料(2人分)

あんずのシロップ漬け ------------------ 10個
生クリーム ------------------------ 1/2カップ
グラニュー糖 --------------------小さじ1/2
ヘーゼルナッツ ------------------------ 12粒

PREPARACIÓN 作り方

1. 生クリームはボウルに入れ、泡立て器でふんわり
   とツノが立つまで7分立てに泡立てる。

2. 皿に水気をきったあんずと1.をのせ、砕いたヘー
   ゼルナッツをふる。

FRUTA DEL BOSQUE

〔ベリー〕

バスク語、スペイン語ともに
「森の果実」と呼ばれて親しまれています。
代表的なのはラズベリー、ブラックベリー、
ブルーベリー、グーズベリー、カラントなど。
古くからジャムやシロップ漬けはもちろん、
健康効果や民間療法として、
薬の役割も果たしてきました。

Mermelada de mora y manzana

ブラックベリーとりんごのジャム

INGREDIENTES 材料
（作りやすい分量／でき上がり約350ml）

ブラックベリー	300g
りんご	250g（約小1個）
グラニュー糖	260g（正味量の50%）
レモン果汁	1/2個分
シナモンスティック	1本

PREPARACIÓN 作り方

1. りんごは皮をむいて芯と種を取り、薄いいちょう切りにする。ブラックベリーは洗い、水気をふく。両方の果肉の重さを量り、その半量の重さのグラニュー糖を用意する。

2. ボウルに1.とレモン果汁を入れて混ぜ、涼しいところに5時間置く。

3. 鍋に2.を入れ、中火にかけて沸騰したらアクを丁寧に取る。シナモンスティックを加え、弱めの中火でときどき混ぜながらとろりとするまで20〜25分煮る。

4. 熱いうちに煮沸消毒した清潔な瓶に詰める。

CONSEJOS ◎冷蔵庫で2週間保存可能。さらに長期保存する場合は、012ページを参照。

Mermelada de frambuesa

ラズベリーのジャム

INGREDIENTES 材料
（作りやすい分量／でき上がり約400ml）

ラズベリー	500g
グラニュー糖	250g（正味量の50%）

PREPARACIÓN 作り方

1. ラズベリーは傷つけないようにやさしく洗い、水気をふく。重さを量り、その半量の重さのグラニュー糖を用意する。

2. ボウルに1.を入れて混ぜ、涼しいところに5時間置く。

3. ラズベリーから出た水分ごと鍋に入れ、中火にかけて沸騰したらアクを丁寧に取る。弱めの中火でときどき混ぜながら15〜20分煮る。

4. 熱いうちに煮沸消毒した清潔な瓶に詰める。

CONSEJOS ◎冷蔵庫で2週間保存可能。さらに長期保存する場合は、012ページを参照。

Mermelada
de mora y manzana

Mermelada de frambuesa

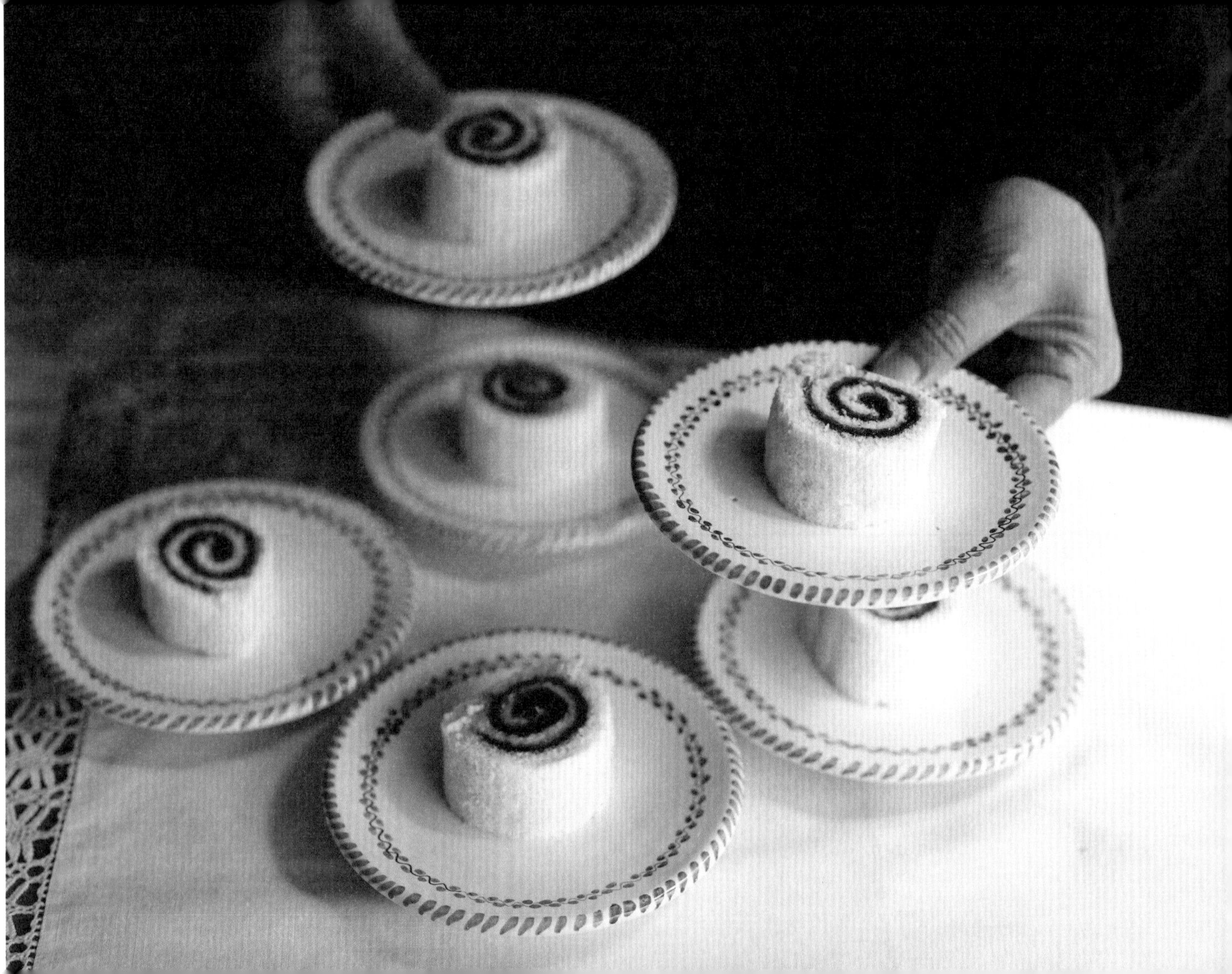

Brazo de gitano con mermelada

ブラックベリーとりんごのジャムのスイスロール

INGREDIENTES 材料（25cm長さ・1本分）

薄力粉 ------------------------------ 40g
ベーキングパウダー ------------------ 2g
卵（L） ----------------- 2個（室温に戻す）
グラニュー糖 ---------------------- 30g
ブラックベリーとりんごのジャム（⟶ **Page. 094**）
-------------------------- 大さじ8〜10

PREPARACIÓN 作り方

1. オーブンシートは27〜28cm四方に切り、25cm四方になるように折り返す。

2. 薄力粉とベーキングパウダーを合わせてふるう。オーブンを180℃に温める。

3. ボウルに卵を溶きほぐし、グラニュー糖を加えてハンドミキサーで白っぽくなって倍量になり、もったりするまでしっかり泡立てる。

4. ふるっておいた粉類を3〜4回に分けて加え、その都度泡立て器で混ぜる。

5. 天板にオーブンシートをのせて生地を流し入れ、表面を平らにならす。

6. 温めたオーブンに入れ、焼き目がつくまで8〜10分焼く。

7. オーブンから取り出し、生地を台に移して乾いたフキンを被せ、フキンごと裏返してオーブンシートをそっとはがす。はがしたオーブンシートをのせたまま粗熱を取る。

8. 焼き色がついた面を上にし、全体にまんべんなくジャムを塗り広げる。

9. 端のほうからゆっくりと生地が割れないように巻く。

10. 乾かないようにラップで巻き、冷蔵庫で1時間以上休ませる。

11. 包丁で好みの大きさに等分に切る。

Salsa de frambuesa

ラズベリーソース

INGREDIENTES 材料
（作りやすい分量／でき上がり約400ml）

ラズベリー ------------------------ 500g
レモン果汁-------------------------小さじ1
グラニュー糖 --------------------- 80g

PREPARACIÓN 作り方

1. ラズベリーは傷つけないようにやさしく洗い、水気をふく。

2. 鍋に1.、レモン果汁、グラニュー糖を入れて混ぜる。弱火にかけ、とろみが出るまで混ぜながら8〜10分煮る。

CONSEJOS ◎善き羊飼いの修道院のレシピです。バナナクリーム（P.101参照）にかけたり、いろいろなお菓子に使うそうです。◎冷蔵庫で1週間保存可能。さらに長期保存する場合は、012ページを参照。

Vinagre de frambuesa

ラズベリービネガー

INGREDIENTES 材料
（作りやすい分量／でき上がり約400ml）

ラズベリー ------------------------ 80g
りんご酢 ------------------ 1と1/4カップ
グラニュー糖 --------------------大さじ1

PREPARACIÓN 作り方

1. ラズベリーは傷つけないようにやさしく洗い、水気をふく。

2. ボウルにりんご酢とグラニュー糖を入れてよく混ぜる。グラニュー糖が溶けたら1.を加えて混ぜる。

3. 煮沸消毒した清潔な瓶に2.を入れ、オーブンシートを被せ、その上から蓋を閉める。直射日光と高温を避けて冷暗所に置き、ときどき上下にふって2週間置いたら使いどき。ラズベリーを取り出す。

CONSEJOS ◎冷蔵庫で2週間保存可能。◎使うときはラズベリーを取り出し、濾すと見た目がきれいなビネガーになり、腐敗も防げます。その場合も煮沸消毒した清潔な瓶に入れてください。

Vinagre de frambuesa

Salsa de frambuesa

Ensalada de pollo
con vinagreta de frambuesa

チキンサラダ
ラズベリービネガーのビナグレットソース

INGREDIENTES 材料(4人分)

鶏ささみ	2枚
a ┌ ローリエ	1枚
├ イタリアンパセリ	1枝
└ 塩	少々
レタス(フリルレタス、エンダイブなど)	1/2個
ハーブ(フェンネル、ディルなど)	適量
くるみ(無塩・ロースト)	20g
オリーブオイル	適量
ラズベリービネガー(—» *Page. 098*)	適量
塩、こしょう	各適量

PREPARACIÓN 作り方

1. 鍋に鶏ささみ、a、被る程度の水を入れ、中火に
   かける。沸騰したら3分茹でて火を止め、そのまま
   粗熱を取り、食べやすい大きさに割く。

2. レタスとハーブは食べやすい大きさに切る。

3. 皿に1.、2.、くるみを盛り、食べるときにオリーブオ
   イルとラズベリービネガーをかけ、塩とこしょうを
   ふって混ぜながら食べる。

Crema de plátano
con salsa de frambuesa

バナナクリームのラズベリーソースがけ

INGREDIENTES 材料(4人分)

バナナ（熟したもの）------------------------3本
ラズベリーソース（——» Page. 098 ）--------大さじ2〜3

PREPARACIÓN 作り方

1. バナナは皮をむいてフォークで潰し、冷凍庫に30
   〜40分入れる。
2. 凍る直前に取り出して皿に盛り、ラズベリーソース
   をかける。

Zumo de frambuesa
ラズベリージュース

INGREDIENTES 材料(4人分)

ラズベリー --------------------- 400g
レモン果汁 ------------------- 大さじ1
はちみつ -------------------- 大さじ4
ミントの葉---------------------- 少々

PREPARACIÓN 作り方

1. ラズベリーは洗い、水気をふく。水1と1/2カップ、残りの材料とともにブレンダーまたはミキサーでジュース状に撹拌する。
2. 味を見て、足りないようならはちみつを加えて甘さを調節する。

CONSEJOS ◎種が気になるようなら茶濾しなどで濾してください。

Granizado de frambuesa
ラズベリーのグラニサード

INGREDIENTES 材料(4人分)

ラズベリー --------------------- 200g
グラニュー糖 ------------------- 100g
レモン果汁 ------------------- 大さじ1

PREPARACIÓN 作り方

1. ラズベリーは洗い、水気をふく。水1と1/2カップ、残りの材料とともにブレンダーまたはミキサーでジュース状に撹拌する。
2. 保存容器に入れ、冷凍庫で冷やしかためる。
3. 砕ける程度に凍った2.を取り出し、フォークまたはブレンダーで砕く。これを2〜3回繰り返す。食べる寸前まで冷凍庫に入れる。

Tarta de frambuesa
ラズベリータルト

INGREDIENTES 材料(直径18cmのタルト型・1台分)

ラズベリー --------------------- 150g
［タルト生地］
　薄力粉 --------------------- 100g
　バター(無塩)---- 40g(室温に戻す)
　粉砂糖 ---------------------- 20g
　卵黄 ---------------------- 1個分
生クリーム ------------------- 1カップ
グラニュー糖 ------------------- 大さじ1
ラズベリーソース(→ Page.098) ------90ml
粉砂糖(仕上げ用) -------------- 適量

PREPARACIÓN 作り方

1. タルト生地を作る。薄力粉はふるう。ボウルにバターと粉砂糖を入れてゴムベラで混ぜ、溶いた卵黄を加えて混ぜる。薄力粉を加えてさらに混ぜ、生地をまとめてラップで包んで冷蔵庫で30分休ませる。
2. オーブンを180℃に温める。
3. 冷蔵庫から生地を取り出して麺棒で型よりひと回り大きくのばし、型に敷き詰める。底にフォークで穴をあけ、温めたオーブンで15分焼く。焼き目がついたら取り出し、オーブンから取り出して冷ます。
4. ボウルに生クリームとグラニュー糖を入れ、泡立て器でツノがつんと立つまで8分立てに泡立てる。
5. 冷ましたタルト生地にラズベリーソースをまんべんなく敷き詰め、その上にゴムベラで4.を広げてのせ、平らにならす。
6. ラズベリーは洗い、ペーパータオルで水気をやさしくふく。5.の上に並べ、粉砂糖を全体にふる。

TOMATE

〔トマト〕

16世紀にアメリカ大陸から持ち帰られ、
今ではスペインの台所に不可欠な食材です。
夏は生でリフレッシュと栄養補給に。
熟したものは炒め物や煮込みにします。
そして料理のベースとなるソースや水煮、
瓶詰め、冷凍にして保存します。
毎年欠かせない大切な夏仕事です。

Tomates congelados
冷凍トマト

INGREDIENTES 材料（作りやすい分量）

トマト --------------------- 300g（約2個）

PREPARACIÓN 作り方

1. トマトは洗い、ペーパータオルで水気をふく。
   ヘタを取り、4等分に切る。

2. 冷凍用保存袋に入れ、空気が抜けるように
   平らにならして封を閉じて冷凍庫に入れる。

CONSEJOS ◎サラダなどに生で使うことには適していませんが、炒め物、煮込み、ガスパチョ、スープなどで活躍します。使うときに自然に皮がむけるのも便利です。
◎冷凍庫で1か月保存可能。

Tomates en conserva

Salsa de tomate
en conserva

Tomates en conserva
トマトの瓶詰め

INGREDIENTES 材料
（作りやすい分量/でき上がり約500ml）

トマト（完熟） ------------ 1kg（6〜7個）

PREPARACIÓN 作り方

1. 鍋にトマトがひたひたに被る程度の水を沸かす。沸騰したらトマトを15秒茹でて取り出し、冷水に取る。ヘタを取り、皮をむく。

2. 煮沸消毒した清潔な瓶にトマトを空気が入らないように麺棒やすりこぎで瓶の上部の1cmをあけるように押しこみながら詰めて蓋を閉める。

3. 深鍋にフキンを敷き、2.の瓶を置く。トマトが見えるところまで水を注ぎ、中火にかける。沸騰したら20分間煮沸して取り出し、蓋をしっかり閉める。

CONSEJOS ◎トマトの底の部分に包丁で浅く十字に切り込みを入れてから茹でると、皮がむきやすくなります。◎トマトをなるべく崩したくない場合はトマトをいくつか潰した汁を入れて満たすとよいです。◎瓶詰めの最後のトマトが丸ごとでは無理なようなら適当な大きさに切って詰めます。◎オリーブオイルを加えて保存することもあります。◎1度蓋を開けると傷みやすいので、瓶に小分けして保存するとよいです。◎冷凍庫で2〜3日間保存可能。しっかり真空状態になっていれば冷蔵庫で6か月保存可能。冷凍する場合は保存容器または冷凍用保存袋に入れ、食べる際は冷蔵庫に入れて解凍してください。

Salsa de tomate en conserva
トマトソース

INGREDIENTES 材料
(作りやすい分量/でき上がり約500ml)

トマト(完熟)	1kg(6〜7個)
玉ねぎ	250g(約大1個)
オリーブオイル	大さじ1と1/2
グラニュー糖	小さじ1
塩	小さじ2/3

PREPARACIÓN 作り方

1. 鍋にトマトがひたひたに被る程度の水を沸かす。沸騰したらトマトを15秒茹でて取り出し、冷水に取る。ヘタを取り、皮をむく。

2. ブレンダーまたはミキサーでピューレ状に攪拌する。玉ねぎは粗みじんに切る。

3. 鍋にオリーブオイルを弱めの中火で熱し、玉ねぎを炒める。焦げ色がつかないようによく混ぜながらしんなりするまで15〜20分炒める。

4. ピューレ状にしたトマトを加え、ときどき混ぜながら半量になるまで煮る。

5. 煮沸消毒した清潔な瓶に上部1cm程度を残すようにして4を入れ、蓋を閉める。

6. 深鍋にフキンを敷き、5の瓶を置く。トマトが見えるところまで水を注ぎ、中火にかける。沸騰したら20分間煮沸して取り出し、蓋をしっかり閉める。

CONSEJOS ◎トマトの底の部分に包丁で浅く十字に切り込みを入れてから茹でると、皮がむきやすくなります。◎玉ねぎは炒めたら蓋をして「少し蒸らし、また炒める」を繰り返すと、より早く炒めることができます。◎修道院ではムーランを使って裏漉しすることが多く、皮をむく必要もなく、種も取れるのでよりなめらかになります。◎好みのハーブ(タイム、オレガノ、バジル、ローリエなど)やにんにく、赤唐辛子などを加えると、変化が楽しめます。その際はにんにくと赤唐辛子を玉ねぎと一緒に炒め、ハーブはトマトを煮る途中で加えます。◎1度蓋を開けると傷みやすいので、瓶に小分けにして保存するとよいです。◎冷凍庫で2〜3日間保存可能。しっかり真空状態になっていれば冷蔵庫で6か月保存可能。冷凍する場合は保存容器または冷凍用保存袋に入れ、食べる際は冷蔵庫に入れて解凍してください。

RECETAS CON FRUTAS Y HORTALIZAS FRESCAS
フレッシュを楽しむレシピ

Tomate relleno de atún
トマトの詰め物

INGREDIENTES 材料(4人分)

トマト	4個
ツナ(油漬け)	100g
茹で卵	1個
修道院のマヨネーズ(—» *Page.062*)	適量
塩、こしょう	各適量

PREPARACIÓN 作り方

1. トマトはヘタのついている上部1cmを切り、下部の果肉をスプーンでくり抜く。上部は取り置く。取り出した果肉は粗みじんに切り、水気をしっかりきる。トマトの下部はペーパータオルの上に逆さにして15分置き、水気をきる。茹で卵は粗みじんに切る。

2. ツナは油をきってボウルに入れてほぐす。

3. 2.にトマトの果肉、茹で卵、マヨネーズを加え、塩とこしょうで味を調える。

4. トマトの下部に3.を詰め、取り置いた上部をのせる。

Carne de cerdo con tomate
豚肉のトマト煮

INGREDIENTES 材料（4人分）

トマトの瓶詰め（⟶ *Page.* 104）------------- 300g
豚肩ロース肉（ブロック）----------------- 400g
玉ねぎ ------------------------------- 1/2個
ピーマン ------------------------------ 1個
赤パプリカ --------------------------- 1/2個
にんにく ------------------------------- 1片
白ワイン --------------------------- 1/2カップ
オリーブオイル ---------------------- 大さじ1
塩、こしょう---------------------------- 各適量
好みのハーブ（タイムやローズマリーなど）
-------------------------------------- 2〜3枝

PREPARACIÓN 作り方

1. 豚肉はひと口大に切り、塩とこしょうをふる。

2. 玉ねぎ、ピーマン、赤パプリカ、にんにくは粗めの
   みじん切りにする。

3. 鍋にオリーブオイルを中火で熱し、玉ねぎを炒め
   る。しんなりしたらピーマン、赤パプリカ、にんにく
   を加えてさらに炒める。

4. 野菜がしんなりしてきたら、1.の豚肉を加えてこ
   んがりするまで炒める。

5. 白ワインを加えて煮詰め、水気をきったトマトと水
   1/2カップを加えて大きく混ぜ、蓋をして弱火で
   30分煮る。

6. 塩とこしょうで味を調え、ハーブを添える。

Arroz con chorizo y espinacas
チョリソーとほうれん草のトマトごはん

INGREDIENTES 材料(4人分)

チョリソーソーセージ -------------- 2本(120g)
冷凍トマト(→ Page.103) ------------------ 200g
ほうれん草-------------------------- 2/3束
にんにく ---------------------------- 1片
米 -------------------------- 1と1/2カップ
チキンスープ(または野菜スープ) -------- 2カップ
オリーブオイル ---------------------- 大さじ1
塩、こしょう ------------------------ 各適量

PREPARACIÓN 作り方

1. トマトは皮をむく。ほうれん草は根元を切り落として洗い、4cm幅に切る。にんにくはみじん切りにし、チョリソーソーセージは5mm幅の輪切りにする。

2. 鍋にオリーブオイルとにんにくを入れて中火で炒め、香りが立ったらチョリソーソーセージを加えて炒める。トマトを加えて木ベラで潰しながら、水気がなくなるまで煮詰める。

3. 米を洗わずに2.に加えて混ぜ、チキンスープとほうれん草を加えて全体を混ぜて蓋をする。沸騰したら弱火で12〜13分炊き、火を止めてそのまま15分蒸す。

INGREDIENTES 材料(2人分)

冷凍トマト(⟶ *Page. 103*) ----------- 180g
マカロニ ----------------------- 180g
ツナ缶(油漬け) ------------- 1缶(70g)
玉ねぎ ------------------------ 1/2個
にんにく ------------------------ 1片
オリーブオイル ------------------大さじ1
塩 ------------------------- 小さじ1/3
こしょう ------------------------ 適量
パルミジャーノ・レッジャーノ---30g(すりおろす)
イタリアンパセリのみじん切り------- 2本分

PREPARACIÓN 作り方

1. 鍋にたっぷりの湯に沸かして塩適量(分量外)を入れ、マカロニを袋の表示通りに茹でる。

2. トマトは気になるようならば皮をむき、玉ねぎはみじん切りにし、にんにくはみじん切りにする。ツナは油をきる。

3. フライパンにオリーブオイル、玉ねぎ、にんにくを入れ、弱火で炒める。にんにくの香りが立ったら、トマト、ツナ、塩を加えて炒め合わせる。

4. 茹でたマカロニの水気を軽くきって3.に加え、絡めるように混ぜる。

5. 皿に盛り、温かいうちにパルメジャーノ・レッジャーノとイタリアンパセリ、こしょうをふる。

Macarrones con atún
ツナマカロニ

Zurrukutuna

タラのにんにくスープ バスク風

INGREDIENTES 材料(4人分)

トマトの瓶詰め（⟶ *Page. 104*）------------ 大さじ4
甘塩タラ（切り身）----------------------2切れ
卵 ------------------------------------- 1個
バゲット（かたくなったもの）------------- 100g
にんにく ------------------------------- 3片
赤唐辛子 ------------------------------- 1本
ローリエ ------------------------------- 1枚
パプリカパウダー（あればスモーク）------ 小さじ2
魚介のスープ（または水）-------------- 1ℓ
オリーブオイル -------------------- 大さじ2〜3
塩、こしょう---------------------------- 各適量

PREPARACIÓN 作り方

1. にんにくは薄切りにし、バゲットは1cm幅に切り、
   4〜6個の角切りにする。タラは皮と骨を取り、
   1切れを4等分に切る。トマトはみじん切りにする。

2. 鍋にオリーブオイル、にんにく、赤唐辛子を入れて
   弱火で炒める。にんにくの香りが立ったらバゲット
   を加え、こんがりするまで炒める。

3. 水気をきったトマトを加えて大きく混ぜ、火を止
   め、パプリカパウダーを加えて混ぜる。

4. 魚介のスープ、タラ、ローリエを加える。再び中火
   にかけ、沸騰したら弱火で15分煮て、塩とこしょ
   うで味を調える。

5. 卵を割りほぐして回し入れ、卵がかたまってきた
   ら火を止める。

Calamares con tomate

イカのトマトソース煮

INGREDIENTES 材料(4人分)

トマトソース（──▶ *Page. 105*）--------- 1と1／2カップ
イカ ------------------- 大2杯（または小4杯）
にんにく --------------------------------- 1片
白ワイン ------------------------- 1／4カップ
オリーブオイル ----------------------- 大さじ1
塩、こしょう-------------------------- 各適量
イタリアンパセリのみじん切り--------- 1〜2本分
ごはん------------------------------4杯分

PREPARACIÓN 作り方

1. イカは内臓と軟骨を取り、皮をむく。流水で洗って
水気をペーパータオルでふく。胴は1cm幅の輪切
りにし、足は2cm幅に切る。にんにくはみじん切
りにする。

2. フライパンにオリーブオイルとにんにくを入れ、弱
火でさっと炒める。にんにくの香りが立ったら、イ
カを加えて炒め、白くなったら白ワインを加える。

3. アルコール分が飛び、半量程度になったらトマト
ソースを加え、蓋をして弱火で15分煮る。焦げな
いようにときどき混ぜ、水分が足りなければ水適
量を加えて塩とこしょうで味を調える。

4. 皿にごはんとともに盛り、イタリアンパセリをふる。

CONSEJOS ◎イカはスルメイカ、ヤリイカどちらでもおいしいで
す。◎パンにもよく合います。

Garbanzos con tomate
ひよこ豆のトマトソース

INGREDIENTES 材料(4人分)

トマトソース(──≫ *Page. 105*) ----------- 300g
ひよこ豆(乾燥) ------------------- 150g
にんにく ----------------------- 1片
クミンパウダー -------------- 小さじ1/2
パプリカパウダー(あればスモーク)---- 小さじ1/2
ローリエ ----------------------- 2枚
オリーブオイル ------------------ 大さじ1
塩、こしょう ------------------- 各適量
イタリアンパセリの葉 -------------- 適宜

PREPARACIÓN 作り方

1. ひよこ豆はさっと洗い、7時間たっぷりの水で戻す。鍋に入れ、豆より3cm上まで水を注ぎ、中火にかける。沸騰したら蓋をして弱火で30分煮る。火を止め、そのまま10分蒸らしたら煮汁をきる。

2. にんにくはみじん切りにする。

3. フライパンにオリーブオイルとにんにくを入れ、弱火で炒める。にんにくの香りが立ったら、トマトソース、クミンパウダー、パプリカパウダー、ローリエを加えて混ぜる。

4. ソースがスパイスと混ざったら、水気をきったひよこ豆を加えて全体を混ぜ、ひよこ豆にソースを絡ませる。塩とこしょうで味を調えてさらに混ぜ、好みでイタリアンパセリの葉を添える。

CONSEJOS ◎ひよこ豆の煮汁は豆の旨味が出ておいしいです。捨てずに、スープや煮込み、料理のだしに使えるように冷凍保存しておくとよいでしょう。

Tortilla francesa rellena de pimiento rojo y jamón
赤パプリカとハム、トマトソース炒めのオムレツ

INGREDIENTES 材料(1人分)

卵 ------------------------------------ 2個
赤パプリカ ---------------------------- 1/2個
ハム(スライス) ------------------------ 30g
トマトソース(→ *Page.105*) -------------- 大さじ2
にんにく ------------------------------ 少々
オリーブオイル ------------------------- 小さじ4
塩、こしょう -------------------------- 各適量
イタリアンパセリのみじん切り ------------- 適量

PREPARACIÓN 作り方

1. 赤パプリカは軸と種を取り、ハムとともに細切りにする。にんにくはみじん切りにする。

2. フライパンにオリーブオイル半量とにんにくを入れ、弱火で炒める。にんにくの香りが立ったら、赤パプリカを加えて中火にして炒める。しんなりしたらハムとトマトソースを加えて炒め、塩とこしょうで味を調えて取り出す。

3. ボウルに卵を溶いてほぐし、塩小さじ1/4とこしょう少々を加えて混ぜる。

4. 2.のフライパンの汚れをペーパータオルでふき、残りのオリーブオイルを入れて中火で熱する。3.の溶き卵を全体に流し入れ、木べラで軽く混ぜてフライパンを揺すりながら焼く。半熟状になったら2.を卵焼きの手前半分にのせ、半分に折る。皿に盛り、イタリアンパセリをふる。

Pastel de pan de molde
para días especiales
ごちそうサンド

INGREDIENTES 材料（直径20cm・1個分）

食パン（6枚切り）------------------------- 12枚
レタス --------------------------------------- 6枚
茹で卵 --------------------------------------- 2個
種なしオリーブ（ブラックとグリーンを合わせて）
--- 10個
アンチョビ ----------------------------------- 6枚
トマトソース（⟶ Page. 105）-------------- 大さじ4
［サルサ・ロハ］
　　修道院のマヨネーズ（⟶ Page. 062）----- 1カップ
　　トマトソース --------------------- 1/2カップ
　　塩 ------------------------------- ひとつまみ

PREPARACIÓN 作り方

1. 食パンは耳を切り落とし、4枚ぴったりくっつけて
   並べ、大きな四角形にする。その中心に型を当
   て、型からはみ出た部分を包丁で切り落とす。残
   りのパンも同様に置き、型で抜く。

2. 茹で卵は粗みじん切りにし、アンチョビは油をき
   る。レタスは洗って、水気をきり、ペーパータオル
   でさらにしっかりふく。

3. サルサ・ロハの材料を混ぜる。

4. 皿にパンの一段目を置き、サルサ・ロハの半量弱
   を塗る。レタスをのせ、2段目のパンを重ね、トマト
   ソースを塗る。その上に3段目のパンをのせ、残り
   のサルサ・ロハを塗り、茹で卵、アンチョビ、オリー
   ブを飾る。

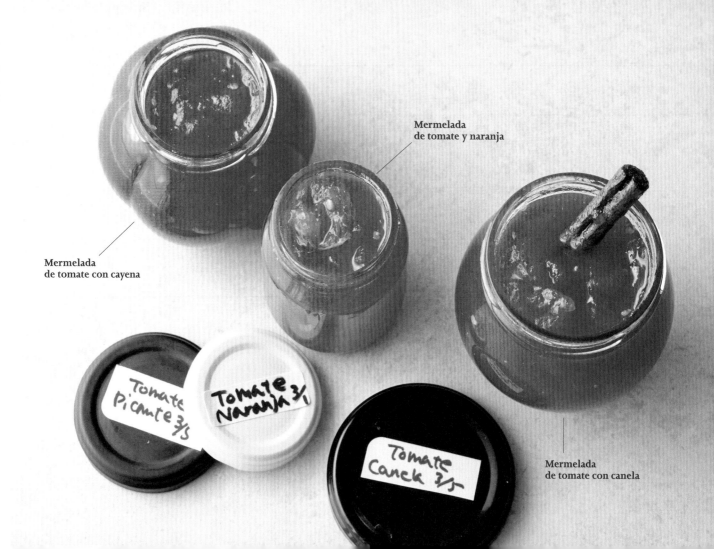

Mermelada
de tomate y naranja

Mermelada
de tomate con cayena

Mermelada
de tomate con canela

Mermelada
de tomate con cayena

トマトとスパイスのジャム

INGREDIENTES 材料
（作りやすい分量／でき上がり約300ml）

トマト（完熟）------------ 550g（約4個）
グラニュー糖 ------260g（正味量の50%）
レモン果汁-------------------- 1/2個分
カイエンペッパー ------------ 小さじ1/2

PREPARACIÓN 作り方

1. 鍋にトマトがひたひたに被る程度の水を沸かす。沸騰したらトマトを15秒茹でて取り出し、冷水に取る。ヘタを取り、皮をむいてぶつ切りにする。果肉の重さを量り、その半量の重さのグラニュー糖を用意する。

2. 鍋に1.とレモン果汁を入れて混ぜ、中火にかける。沸騰したらアクを丁寧に取り、弱めの中火でときどき混ぜながらとろりとするまで20〜25分煮る。

3. カイエンペッパーを加えて混ぜ、さらに5分煮る。

4. 熱いうちに煮沸消毒した清潔な瓶に詰める。

CONSEJOS ◎トマトは底の部分に包丁で浅く十字に切り込みを入れると、皮がむきやすくなります。◎冷蔵庫で2週間保存可能。さらに長期保存する場合は、012ページを参照。

Mermelada
de tomate y naranja

トマトとオレンジのジャム

INGREDIENTES 材料
（作りやすい分量／でき上がり約400ml）

トマト（完熟）---------- 450g（約大2個）
オレンジ ----------------- 300g（約2個）
グラニュー糖 ------300g（正味量の50%）
レモン果汁-------------------- 1/2個分

PREPARACIÓN 作り方

1. 鍋にトマトがひたひたに被る程度の水を沸かす。沸騰したらトマトを15秒茹でて取り出し、冷水に取る。ヘタを取り、皮をむいてぶつ切りにする。

2. オレンジは皮をむき、薄皮から果肉を取り出し、あれば種を取る。

3. 1.と2.の果肉の重さを量り、その半量の重さのグラニュー糖を用意する。

4. 鍋に1.、2.、3.、レモン果汁を入れて混ぜ、中火にかける。沸騰したらアクを丁寧に取り、弱めの中火でときどき混ぜながらとろりとするまで25〜30分煮る。

5. 熱いうちに煮沸消毒した清潔な瓶に詰める。

CONSEJOS ◎トマトは底の部分に包丁で浅く十字に切り込みを入れると、皮がむきやすくなります。◎冷蔵庫で2週間保存可能。さらに長期保存する場合は、012ページを参照。

Mermelada
de tomate con canela

トマトとシナモンのジャム

INGREDIENTES 材料
（作りやすい分量／でき上がり約300ml）

トマト（完熟）------------ 550g（約4個）
グラニュー糖 ------260g（正味量の50%）
レモン果汁-------------------- 1/2個分
シナモンスティック ----------------- 1本

PREPARACIÓN 作り方

1. 鍋にトマトがひたひたに被る程度の水を沸かす。沸騰したらトマトを15秒茹でて取り出し、冷水に取る。ヘタを取り、皮をむいてぶつ切りにする。果肉の重さを量り、その半量の重さのグラニュー糖を用意する。

2. 鍋に1.とレモン果汁を入れて混ぜ、中火にかける。沸騰したらアクを丁寧に取り、シナモンスティックを加え、弱めの中火でときどき混ぜながら少しとろりとするまで20〜25分煮る。

3. 熱いうちに煮沸消毒した清潔な瓶に詰める。

CONSEJOS ◎トマトは底の部分に包丁で浅く十字に切り込みを入れると、皮がむきやすくなります。◎冷蔵庫で2週間保存可能。さらに長期保存する場合は、012ページを参照。

Galletas de queso con mermelada de tomate

トマトとスパイスのジャムのチーズクッキー

INGREDIENTES 材料(12枚分)

薄力粉 ------------------------- 100g
パルメザンチーズ ------------------ 20g
ベーキングパウダー ------------------ 2g
塩 ------------------------- ひとつまみ
卵 ------------------ 1個(室温に戻す)
オリーブオイル ------------------大さじ2
トマトとスパイスのジャム (→ *Page.*115)
------------------------- 小さじ1と1/3
ローズマリー ----------------------- 1枝

PREPARACIÓN 作り方

1. ボウルに薄力粉、パルメザンチーズ、ベーキングパウダー、塩を合わせて混ぜる。

2. 別のボウルに卵を溶きほぐし、オリーブオイルを加えて混ぜる。1.の粉類を一度に加え、ポロポロになるまでゴムベラで混ぜる。ジャムを加えてさらに混ぜ、生地を押しつけるようにしてこねながらまとめる。

3. 直径5cmの筒状にしてラップで包み、冷蔵庫で1時間休ませる。

4. オーブンを190℃に温める。

5. 3.の生地を冷蔵庫から取り出し、5mm厚さに切り、手で丸める。オーブンシートを敷いた天板に間をあけて並べ、それぞれにローズマリーの葉適量をのせる。

6. オーブンの温度を180℃に下げ、5.を10分焼く。

PIMIENTO MORRÓN ROJO

〔赤パプリカ〕

Pimientos en conserva
en aceite y vinagre

Pimientos asados
en conserva

大航海時代にアメリカ大陸から持ち帰られ、修道士たちによって栽培、研究され、
スペイン全土に広がり、今ではスペインにしっかりと根づいた野菜のひとつ。
ここでは長く愛され続け、保存食としても使われている赤パプリカを紹介します。

Pimientos asados en aceite y vinagre

ロースト赤パプリカの酢漬け

INGREDIENTES 材料
（作りやすい分量／でき上がり約500ml）

赤パプリカ ------------------- 1kg（約7個）
白ワインビネガー（またはりんご酢）--- 適量
ローリエ -------------------------- 2枚
塩 ------------------------------ 15g

PREPARACIÓN 作り方

1. オーブンを220℃に温める。

2. 天板にアルミホイルを敷き、赤パプリカを並べ、温めたオーブンで30分焼く。途中皮にシワが寄ったら、裏返す。全面にシワが寄るようにときどき裏返しながら焼く。

3. 2.をオーブンから取り出して敷いていたアルミホイルで赤パプリカを包み、蒸らしながら冷ます。

4. 3.をボウルに入れて皮を手でむいて軸と種を取り、細切りにする。パプリカから出た汁はザルで濾して取り置く。

5. 煮沸消毒した清潔な瓶に赤パプリカとロー

リエを詰め、パプリカから出た汁と白ワインビネガーをひたひたに注ぐ。直射日光と高温を避け、冷暗所で1日置いたら食べ頃。

CONSEJOS ◎赤パプリカは真っ黒に焦げないように気をつけながら焼きます。◎ローストされたパプリカの中にはおいしい汁が溜まります。これも捨てないで使います。この汁をしっかり残すために、皮をむくときは必ず蒸らしてからボウルなどの中で皮をむき、中から出た汁を取っておきます。その際は種などがあるので茶濾しなどで濾すとよいでしょう。◎酸味をまろやかにしたいときはりんご酢を使ってください。◎冷蔵庫で4〜5日間保存可能。012ページを参照して真空状態になっていれば冷蔵庫で6か月保存可能。

Pimientos asados en conserva

ロースト赤パプリカのオイル漬け

INGREDIENTES 材料
（作りやすい分量／でき上がり約500ml）

赤パプリカ --------------- 750g（約5個）
オリーブオイル --------------------- 適量

PREPARACIÓN 作り方

1. オーブンを220℃に温める。

2. 天板にアルミホイルを敷き、赤パプリカを

並べ、温めたオーブンで30分焼く。途中皮にシワが寄ったら、裏返す。全面にシワが寄るようにときどき裏返しながら焼く。

3. オーブンから取り出して敷いたアルミホイルで赤パプリカを包み、蒸らしながら冷ます。

4. 3.をボウルに入れて皮を手でむいて軸と種を取り、縦半分に割る。パプリカから出た汁はザルで濾して取り置く。

5. 赤パプリカを煮沸消毒した清潔な瓶に上部1cmほどをあけて詰め、パプリカから出た汁とオリーブオイルをひたひたに注ぐ。

CONSEJOS ◎赤パプリカは真っ黒に焦げないように気をつけながら焼きます。◎ローストされたパプリカの中にはおいしい汁が溜まります。これも捨てないで使います。この汁をしっかり残すために、皮をむくときは必ず蒸らしてからボウルなどの中で皮をむき、中から出た汁を取っておきます。その際は種などがあるので茶濾しなどで濾すとよいでしょう。◎パプリカの肉厚加減にもよりますが、たくさん汁が出たら、オリーブオイルが必要でなくなることもあります。◎冷蔵庫で4〜5日間保存可能。012ページを参照して真空状態になっていれば冷蔵庫で6か月保存可能。

Ternera guisada
con pimientos asados
牛肉の赤パプリカ、トマト煮込み

INGREDIENTES 材料(4人分)

ロースト赤パプリカのオイル漬け(─➤ *Page. 119*)---200g
牛肩ロース肉(ブロック) ------------------ 400g
玉ねぎ ------------------------------- 1個
トマトソース(─➤ *Page. 105*)-------------1/2カップ
白ワイン ------------------------- 1/2カップ
パプリカパウダー(あればスモーク)------ 小さじ1
オリーブオイル ----------------------- 大さじ1
塩、こしょう--------------------------- 各適量

PREPARACIÓN 作り方

1. 牛肉はひと口大に切り、塩とこしょうをふる。玉ね
   ぎはみじん切りにする。赤パプリカは油をきり、細
   切りにする。

2. 鍋にオリーブオイルを中火で熱し、牛肉の全面を
   こんがり焼いて取り出す。

3. 同じ鍋に玉ねぎを入れてしんなりするまで弱火
   で炒め、トマトソースを加えて水気がなくなるまで
   煮る。

4. 焼いた牛肉を戻し入れ、白ワインを加えて中火に
   して沸騰させてアルコール分を飛ばす。水1/2
   カップとパプリカパウダーを加えて混ぜ、蓋をして
   弱火で30分煮る。

5. 塩とこしょうで味を調え、細切りにした赤パプリカ
   を加えて混ぜる。

Pollo rebozado

鶏肉のパン粉焼き

INGREDIENTES 材料(4人分)

ロースト赤パプリカのオイル漬け(──▸ *Page. 119*)--- 2個分
鶏むね肉 ---------------------- 2枚(約500g)
薄力粉 ------------------------------- 適量
溶き卵----------------------------- 1個分
パン粉(細挽き) ---------------------- 20g
イタリアンパセリのみじん切り---------- 小さじ1
揚げ油 ------------------------------- 適量
塩、こしょう---------------------- 各適量
タイム ------------------------------- 適宜

PREPARACIÓN 作り方

1. ボウルにパン粉とイタリアンパセリを入れて混ぜる。

2. 鶏肉は繊維を断つようにそぎ切りにして4枚に切る。塩とこしょうをふり、薄力粉、溶き卵、1.の順に衣をつける。

3. フライパンに揚げ油を170℃に温める。2.をカリッとするまで両面を揚げて油をきり、皿に盛る。

4. 赤パプリカの油をペーパータオルでふき、半分に切って3.にのせる。あればタイムを添える。

Pimientos con anchoas
カタクチイワシの赤パプリカのせ

INGREDIENTES 材料(4人分)

ロースト赤パプリカの酢漬け(—» *Page.* 119)
------------------------------------- 8枚
カタクチイワシ(または小ぶりのイワシ) -- 8尾
にんにく---------------------------- 1片
オリーブオイル --------------------大さじ1
塩、こしょう --------------------- 各適量

PREPARACIÓN 作り方

1. カタクチイワシは尾を残して手開きし、中骨を取り、流水でよく洗う。ペーパータオルで水気をふき、塩とこしょうをふる。

2. にんにくはみじん切りにする。フライパンにオリーブオイルとにんにくを入れて弱火で炒める。香りが立ったらボウルに取り出し、粗みじん切りにした赤パプリカと塩少々を加えて混ぜる。

3. 同じフライパンを中火にかけ、カタクチイワシを皮目から焼く。こんがりしたら裏返して同様に焼く。皿に盛り、2.をかける。

Ensalada de patata

ポテトサラダ

INGREDIENTES 材料(4人分)

じゃがいも ------------------------------- 3個
ロースト赤パプリカの酢漬け(──➤ *Page.* 119)
-------------------------------------- 8〜10枚
茹で卵 ------------------------------------ 1個
ブラックオリーブ(種なし)-------------------- 8個
a ┌ オリーブオイル ------------------- 大さじ1〜2
　│ レモン果汁------------------------------ 小さじ1
　└ 塩、こしょう -------------------------- 各適量
イタリアンパセリの葉------------------------ 少々

PREPARACIÓN 作り方

1. じゃがいもは皮を洗い、皮付きのまま鍋に入れて
   たっぷりの水を注ぐ。中火にかけてやわらかくな
   るまで茹でる。やわらかくなったら取り出し、皮を
   むいて食べやすい大きさに切る。

2. 茹で卵は縦4等分に切り、さらに半分に切る。

3. ボウルに 1.、2.、軽く水気をきった赤パプリカ、ブ
   ラックオリーブ、a を入れて混ぜる。

4. 皿に盛り、イタリアンパセリの葉を散らす。

Mermelada de pimiento asado

ロースト赤パプリカのジャム

INGREDIENTES 材料
（作りやすい分量／でき上がり約300ml）

赤パプリカ -------------- 1kg（約大5個）
グラニュー糖 ----- 180g（正味量の50%）
レモン果汁-------------------- 1/4個分

PREPARACIÓN 作り方

1. ロースト赤パプリカの酢漬けとオイル漬け（P.119参照）の作り方1.～4.と同様に赤パプリカをローストし、赤パプリカから出た汁を濾して取り置く。

2. 赤パプリカと汁をブレンダーまたはミキサーでピューレ状に攪拌する。重さを量り、その半量の重さのグラニュー糖を用意する。

3. 鍋に2.とレモン果汁を入れて混ぜ、中火にかける。沸騰したら、弱めの中火でときどき混ぜながらとろりとするまで20～30分煮る。

4. 熱いうちに煮沸消毒した清潔な瓶に詰める。

CONSEJOS ◎赤パプリカから出た汁は茶濾しなどで濾すと、余分な種を取り除きやすいです。◎冷蔵庫で2週間保存可能。さらに長期保存する場合は、012ページを参照。

Mermelada de pimiento rojo

赤パプリカのジャム

INGREDIENTES 材料
（作りやすい分量／でき上がり約400ml）

赤パプリカ -------------- 500g（約3個）
グラニュー糖 ------230g（正味量の50%）
白ワインビネガー ----------------- 60ml

PREPARACIÓN 作り方

1. 赤パプリカは洗い、水気をふく。半分に切って、軸と種を取り、みじん切りにする。赤パプリカの重さを量り、その半量のグラニュー糖を用意する。

2. 鍋に1.、白ワインビネガー、水1/4カップを入れて混ぜ、中火にかける。沸騰したらアクを丁寧に取り、弱火の中火でときどき混ぜながら赤パプリカがやわらかくなるまで30～40分煮る。途中水が足りないようなら足す。

3. ブレンダーまたはミキサーでピューレ状に攪拌する。

4. 鍋に戻し入れ、弱火でとろりとするまで10～15分煮る。熱いうちに煮沸消毒した清潔な瓶に詰める。

CONSEJOS ◎冷蔵庫で2週間保存可能。さらに長期保存する場合は、012ページを参照。

Mermelada
de pimiento asado

Mermelada
de pimiento rojo

COLUMNA　　　**PIMIENTOS Y AJO**

吊るして保存するバスクの食文化

バスクの食文化を語る上でなくてはならい野菜といえば、ピーマン。
地元料理にも使われていることが多い、大切な食材のひとつです。
その中でも"チョリセロ ピーマン"は特徴的。北部名産の細長いピー
マンで、赤く熟したら乾燥させてソースや煮込み料理のアクセントに
使います。サン・ファン修道院でも夏の終わりに収穫し、束ねて台所
に吊るし、日々の献立に使います。最初はそのまま、乾燥が進めば、
水で戻してこそげ取った果肉を使います。味はほんのり甘くてスパイ
シー。天日干しにすると、より濃厚で深い味わいになります。

チョリセロと同様に壁に吊るされているのがにんにく。にんにくが料
理に重要な位置付けされているスペインならではの、牧歌的な情景
です。にんにくが熟して葉が乾いたら収穫し、球を重ねてはその葉
を三つ編みのように編み束ねることが多いです。風通しのよいとこ
ろに吊るすと、表皮が乾燥してにんにくの鮮度を保てるのです。サン
タ・マリア修道院でも夏の伝統的な作業です。

CEBOLLA

〔玉ねぎ〕

スペインでも白玉ねぎが主流ですが、
赤玉ねぎを使うこともあります。
生でサラダやガスパチョに、
炒めた甘味を生かして料理のベースに、
バスク風らしく、魚介や肉に絡めて食べることも。
クララ会ではキャラメリーゼした
玉ねぎの瓶詰めを販売することもあります。

Cebolla caramelizada

玉ねぎキャラメリーゼ

INGREDIENTES 材料
(作りやすい分量/でき上がり約200ml)

玉ねぎ ----------------- 400g（約2個）
オリーブオイル -------------- 大さじ2〜3
塩 ------------------------ 小さじ1/4

PREPARACIÓN 作り方

1. 玉ねぎは薄切りにする。

2. フライパンにオリーブオイルを弱火で熱し、
   玉ねぎを炒める。塩を加え、1/3量程度に
   なるまで焦げないようにゆっくり30分炒め
   て火を止め、粗熱を取る。

3. 冷めたら、煮沸消毒した清潔な瓶に詰める。

CONSEJOS ◎冷蔵庫で5〜6日間保存可能。

Cebolla morada encurtida

紫玉ねぎの酢漬け

INGREDIENTES 材料
(作りやすい分量/でき上がり約300ml)

紫玉ねぎ ---------------- 200g（約1個）

a ┌ 白ワインビネガー --------- 3/4カップ
  │ 水 ---------------------- 1カップ
  │ グラニュー糖---------------- 大さじ1
  │ ローリエ ------------------- 1枚
  └ 塩 --------------------- 小さじ1/2

PREPARACIÓN 作り方

1. 紫玉ねぎは繊維を断ち切るように薄切り
   にする。

2. 煮沸消毒した清潔な瓶に1.の紫玉ねぎを
   詰める。

3. 鍋に a を入れて中火にかける。沸騰したら
   2分煮て、2.に注ぐ。

CONSEJOS ◎冷蔵庫で2週間保存可能。012ページ
を参照して真空状態になっていれば冷蔵庫で6か月保
存可能。

Bonito con cebolla caramelizada

ビンナガマグロの
玉ねぎキャラメリーゼのせ

INGREDIENTES 材料(2人分)

ビンナガマグロ(柵) ---------------------- 250g
玉ねぎキャラメリーゼ(⟶» Page. 128) --------- 120g
オリーブオイル ----------------------- 小さじ2
塩、こしょう------------------------- 各適量

PREPARACIÓN 作り方

1. ビンナガマグロはひと口大に切り、塩とこしょうを
   ふる。

2. フライパンにオリーブオイルを中火で熱し、ビンナ
   ガマグロの全面をこんがり焼いて皿に盛り、キャ
   ラメリーゼをのせる。

Ensalada de alubias blancas
白いんげん豆のサラダ

INGREDIENTES 材料(4人分)
紫玉ねぎの酢漬け(——▶ *Page.* 128) ----------- 100g
白いんげん豆(手亡豆) ----------------- 250g
オリーブオイル ----------------------- 大さじ1
塩、こしょう------------------------- 各適量
ミントの葉------------------------- 10枚

PREPARACIÓN 作り方

1. 白いんげん豆はさっと洗い、たっぷりの水で皮の
   シワがなくなるまで6時間以上置く。気温の高い日
   は冷蔵庫に入れて戻す。

2. 鍋に戻した白いんげん豆を入れてひたひたの水を
   注ぎ、中火にかける。沸騰したら水1カップの差し水
   をする。再び沸騰したら同様に差し水をする。蓋を
   して弱火で豆がやわらかくなるまで20分煮る。指
   で潰れる程度のやわらかさになったら火を止め、そ
   のまま粗熱が取れるまで置き、ザルに上げる。

3. ボウルに水気をきった白いんげん豆と紫玉ねぎ
   を入れて混ぜる。

4. オリーブオイル、塩、こしょうで味を調えて皿に盛
   り、ミントの葉を散らす。

CONSEJOS ◎バスクで愛されている豆のひとつに白いんげん
豆があります。大きさもさまざまな種類があります。一般的な大
きさの大福豆でもよいですが、ここでは白いんげん豆の中でも
より小さい手亡豆を使いました。戻し時間も煮る時間も大福豆
(P.212参照)より短めです。

Cebolla fermentada

発酵玉ねぎ

INGREDIENTES 材料
（作りやすい分量／でき上がり約300ml）

玉ねぎ（または紫玉ねぎ）-- 200g（約1個）
塩 ----------------------------------- 15g

[CONSEJOS] ◎好みの酸味になるまで発酵させてください。◎表面に白いカビが出ていたら取り除きます。◎途中玉ねぎが水面から出てきたら、塩水を足してください。◎そのままパンにのせたり、ボカディージョ（バゲットのサンドイッチ）にほかの野菜と挟んだり、サラダに加えたりします。◎冷蔵庫で2〜3週間保存可能。

PREPARACIÓN 作り方

1. 玉ねぎはせん切り、または粗みじん切りにする。

2. 煮沸消毒した清潔な瓶に玉ねぎを麺棒、すりこぎなどで押しながら詰める。

3. ボウルに水2と1/2カップと塩を入れ、塩が溶けるまで混ぜる。

4. 玉ねぎが被るように 3.をひたひたに注ぎ（瓶の上部は2cmほどあけておく）、しっかり蓋をして直射日光に当たらない場所に置く。

5. 2〜3日、季節によってはそれ以上置き、水が白濁し始めたら味を確認する。辛味がやわらぎ、酸味が出ていたらでき上がり。酸味が足りないようならさらに発酵させる。

Pollo guisado con cebolla
玉ねぎいっぱいのワイン煮

INGREDIENTES 材料(4人分)

鶏もも肉 --------------- 2枚(約400g)
玉ねぎ ----------------------- 大2個
にんにく -------------------------1片
ローリエ -------------------------2枚
白ワイン -------------------1/2カップ
オリーブオイル ---------------- 大さじ1
塩、こしょう -------------------- 各適量

PREPARACIÓN 作り方

1. 鶏肉は食べやすい大きさに切り、塩とこしょうをふる。玉ねぎは繊維を断ち切るように薄切りにする。にんにくは薄切りにする。

2. フライパンにオリーブオイルを中火で熱し、鶏肉の両面を香ばしく焼いて取り出す。

3. 同じフライパンに玉ねぎとにんにくを入れ、弱めの中火で10分炒める。足りないようならオリーブオイル適量を足す。

4. 玉ねぎがしんなりしたら鶏肉を戻し入れ、白ワインを加える。沸騰したら水1/4カップとローリエを加え、再び沸騰したら、蓋をして20分煮る。

Sopa de cebolla gratinada
オニオングラタンスープ

INGREDIENTES 材料(4人分)

玉ねぎ ------------------------500g
にんにく -------------------------1片
チキンスープ(または野菜スープ) --4カップ
グリエールチーズ ----- 40g(すりおろす)
薄力粉 ---------------------- 大さじ1
オリーブオイル ---------- 大さじ1と1/2
塩、こしょう -------------------- 各適量
バゲット(1.5cm厚さ) -------------4枚

PREPARACIÓN 作り方

1. 玉ねぎは繊維を断ち切るように薄切りにし、にんにくはみじん切りにする。

2. 鍋にオリーブオイルを弱めの中火で熱し、玉ねぎを20分炒める。足りないようならオリーブオイル適量(分量外)を足す。にんにくを加え、香りが立つまで炒める。

3. 2.に薄力粉を入れ、粉気がなくなるまで木ベラで混ぜる。

4. チキンスープを少し加え、ダマにならないように混ぜ、残りのスープも同様に加えながら混ぜる。沸騰したら弱火にして20分煮て、塩とこしょうで味を調える。

5. オーブンを200℃に温める。

6. 耐熱容器に4.を注ぎ、バゲットをのせ、グリエールチーズをかけて温めたオーブンで15分焼く。

CONSEJOS ◎バスクの羊のチーズ、イディアサバルを使うと格別な味わいになります。

VAINAS
[いんげん]

バスクの食卓でも人気のある野菜のひとつです。
おもに2種類の品種があり、
平らなモロッコいんげんと細いさやいんげん。
夏の間に何度も採れるので、
冷凍したり、瓶詰めにする修道院も多いです。

Vainas congeladas
冷凍いんげん

INGREDIENTES 材料(作りやすい分量)

さやいんげん(またはモロッコいんげん) --- 400g
塩 --------------------------------- 小さじ2

PREPARACIÓN 作り方

1. さやいんげんはヘタを切り落とし、半分に切る。
2. 鍋にたっぷりの湯を沸かして塩を入れ、さやいんげんを1分茹でる。
3. 冷水に取ってザルに上げて水気をきり、さらにペーパータオルで水気をしっかりふく。しっかり水気をふかないと、冷凍中にさやいんげん同士がくっついてしまう。
4. 冷凍用保存袋に入れ、空気が抜けるように平らにならして封を閉じて冷凍庫に入れる。

CONSEJOS ◎使うときは冷凍したまま使います。◎冷凍庫で1か月保存可能。

Vainas en conserva

いんげんの瓶詰め

INGREDIENTES 材料(作りやすい分量/でき上がり約850ml)

モロッコいんげん(またはさやいんげん) --- 400g
オリーブオイル ------------------------ 大さじ1
塩 ------------------------------------- 15g

PREPARACIÓN 作り方

1. モロッコいんげんはヘタを切り落とし、半分に切る。

2. 鍋に1ℓの湯を沸かし、オリーブオイルと塩を加えて混ぜ、モロッコいんげんを30秒茹でる。

3. 冷水に取ってザルに上げて水気をきり、煮沸消毒した清潔な瓶に詰める。モロッコいんげんが被るように茹で汁をひたひたに注ぎ、蓋を閉める。

4. 深鍋にフキンを敷き、3.の瓶を置く。モロッコいんげんが見えるところまで水を注ぎ、中火にかける。沸騰しない程度の湯で20分煮てて取り出し、蓋をしっかり閉める。

CONSEJOS ◎瓶詰めしたままの状態だと傷みやすいので保存には必ず煮沸してください。◎野菜の色は鮮やかでなくなってしまいますが、しっかり真空状態になっていれば冷蔵庫で1～3か月保存可能。

Vainas con tomate
モロッコいんげんのトマトソース煮

INGREDIENTES 材料(4人分)

いんげんの瓶詰め(⟶ Page. 135)＊-------- 6〜8本
ベーコン(ブロック)----------------------- 50g
にんにく -------------------------------- 1片
トマトソース(⟶ Page. 105) ------------- 300g
オレガノ -------------------------------- 1枝
タイム --------------------------------- 2枝
オリーブオイル --------------------- 大さじ1
塩、こしょう------------------------- 各適量
＊モロッコいんげんを使う。

PREPARACIÓN 作り方

1. モロッコいんげんは食べやすい長さに切る。にんにくはみじん切りにし、ベーコンは1cm角に切る。

2. フライパンにオリーブオイル、にんにく、ベーコンを入れ、中火で炒める。ベーコンがこんがりしたら、水気をきったモロッコいんげんを加え、全体に油が回るように混ぜる。

3. トマトソース、水1/4カップ、オレガノ、タイムを加える。沸騰したら弱火にしてモロッコいんげんがやわらかくなるまで15分煮て、塩とこしょうで味を調える。

Vainas con almendras
さやいんげんのアーモンド和え

INGREDIENTES 材料(4人分)

冷凍いんげん (⟶ Page. 134) * --------------- 150g
アーモンド ---------------------------- 30g
にんにく ----------------------------- 1片
レモン果汁 ------------------------- 1/4個分
オリーブオイル ---------------------- 大さじ1
塩、こしょう -------------------------- 各適量
*さやいんげんを使う。

PREPARACIÓN 作り方

1. アーモンドは粗みじん切りにし、にんにくはみじ
   ん切りにする。

2. フライパンにオリーブオイル、にんにく、アーモンド
   を入れ、弱火で炒める。

3. にんにくの香りが立ったら凍ったままのさやいん
   げんを加えて軽く炒め合わせ、レモン果汁をふ
   り、塩とこしょうで味を調える。

Vainas con cebolla

モロッコいんげんの玉ねぎ炒め

INGREDIENTES 材料(4人分)

冷凍いんげん(——➤ Page.134)* ------- 200g
玉ねぎ --------------------------- 1個
にんにく -------------------------- 1片
オリーブオイル ----------------- 大さじ1
ローズマリー ---------------------- 2本
塩、こしょう --------------------- 各適量
*モロッコいんげんを使う。

PREPARACIÓN 作り方

1. モロッコいんげんは半分の長さに切り、細切りにする。玉ねぎとにんにくは薄切りにする。

2. フライパンにオリーブオイルを弱火で熱し、玉ねぎをじっくりと炒める。しんなりしてきたらにんにくを加えて炒め合わせ、香りが立ったら凍ったままのモロッコいんげんを加えて軽く炒める。

3. 2〜3等分に折ったローズマリーを加えて全体を混ぜ、塩とこしょうで味を調える。

Ensalada de vainas, tomate y patata

さやいんげん、トマト、じゃがいものサラダ

INGREDIENTES 材料(4人分)

さやいんげん ------------------- 4本
トマト ----------------------- 小2個
じゃがいも --------------------- 1個
イタリアンパセリのみじん切り --- 小さじ1
　┌ 白ワインビネガー ---------- 大さじ1
a │ オリーブオイル ----------- 大さじ3
　└ 塩、こしょう -------------- 各適量

PREPARACIÓN 作り方

1. じゃがいもは皮を洗い、皮付きのまま鍋に入れてたっぷりの水を注ぐ。中火にかけてやわらかくなるまで茹でる。やわらかくなったらザルに上げ、皮をむいて1cm角に切る。トマトも同様に1cm角に切る。

2. さやいんげんは茹で、ヘタを切り落として3cm長さに切る。

3. ボウルに1.、2.、イタリアンパセリ、aを入れて混ぜる。

Vainas con anchoa

モロッコいんげんのアンチョビ炒め

INGREDIENTES 材料(4人分)

モロッコいんげん -------------- 12本
にんにく ----------------------- 1片
アンチョビ --------------------- 6枚
オリーブオイル -------------- 小さじ2
こしょう ----------------------- 少々

PREPARACIÓN 作り方

1. モロッコいんげんはヘタを切り落とし、5mm幅の斜め薄切りにする。にんにくはみじん切りにする。アンチョビは油をきり、半分に切る。

2. フライパンにオリーブオイルを中火で熱し、モロッコいんげんを3〜4分炒める。しんなりしたらにんにくとアンチョビを加え、さらに炒める。

3. にんにくの香りが立ち、アンチョビが崩れ始め、まんべんなくアンチョビがモロッコいんげんに絡んだら火を止めてこしょうをふる。

CALABACÍN

〔ズッキーニ〕

6月中旬になると、黄色の花を咲かせるかぼちゃの仲間。
太陽が大好きな野菜で、夏の間にどんどん大きく育ちますが、
育ち過ぎないやわらかいうちがおいしいです。
修道院ではオムレツや、ピスト（スペイン風ラタトゥイユ）、
挽き肉やツナの詰め物など夏の代表的な料理に大活躍します。

Calabacín congelado
冷凍ズッキーニ

INGREDIENTES 材料（作りやすい分量）

ズッキーニ -------------- 200g（約1本）

PREPARACIÓN 作り方

1. ズッキーニは洗い、両端を切り落とす。皮付きのまま2cm角に、または1cm幅の輪切りにする。
2. 冷凍用保存袋に入れ、空気が抜けるように平らにならして封を閉じて冷凍庫に入れる。

CONSEJOS ◎使うときは冷凍したまま使います。◎冷凍すると繊維質が壊れるので、調理の際に味が染み込みやすくなります。◎スープや煮込みなどに向いています。炒め物も短時間で炒まりますが、油はねするので火傷に注意してください。◎冷凍庫で1か月保存可能。

Revuelto de calabacín
ズッキーニの卵とじ

INGREDIENTES 材料（4人分）

冷凍ズッキーニ（角切り）----------- 1本分
卵 ------------------------------ 2個
オリーブオイル ----------------- 小さじ2
塩 --------------------------- 小さじ1/3
こしょう ------------------------- 適量

PREPARACIÓN 作り方

1. フライパンにオリーブオイルを中火で熱し、凍ったままのズッキーニを油はねに注意しながら炒める。塩とこしょう各少々（ともに分量外）をふる。油がはねなくなり、ほんのり色づくまで炒める。
2. ボウルに卵を溶きほぐし、塩とこしょうを加えて混ぜる。
3. フライパンのズッキーニを端に寄せ、足りないようならオリーブオイル適量（分量外）を足し、卵を流し入れてざっくりと混ぜ、卵に火が通ったらズッキーニと炒め合わせる。

夏の保存食　11　ズッキーニ

Calabacín al limón

ズッキーニのにんにく、レモン風味

INGREDIENTES 材料(4人分)

冷凍ズッキーニ(輪切り──→ **Page.140**) -- 1本分
玉ねぎ ------------------------ 1/4個
にんにく ------------------------ 1片
ローリエ ------------------------ 1枚
レモン果汁------------------------ 1/4個分
オリーブオイル ------------------ 小さじ2
塩、こしょう-------------------- 各適量

PREPARACIÓN 作り方

1. 玉ねぎとにんにくはみじん切りにする。

2. フライパンにオリーブオイルを中火で熱し、1.とローリエを炒める。玉ねぎがしんなりしたら凍ったままのズッキーニを油はねに注意しながら炒める。

3. ズッキーニがほんのりと色づいてきたら、塩とこしょうで味を調え、レモン果汁を全体にふる。

Calabacín gratinado

ズッキーニのハーブグラタン

INGREDIENTES 材料(4人分)

ズッキーニ -------------------- 2本
生クリーム ------------------- 1カップ
パルミジャーノ・レッジャーノのすりおろし
------------------------ 大さじ3
塩、こしょう------------------ 各適量
オレガノの粗みじん切り---------- 適宜

PREPARACIÓN 作り方

1. オーブンを240℃に温める。

2. ズッキーニは両端を切り落とし、5mm幅の輪切りにする。

3. 耐熱容器に入れ、生クリームを注ぐ。塩、こしょう、パルミジャーノ・レッジャーノをふり、温めたオーブンで15〜20分焼く。

4. こんがり焼き上がったら、好みでオレガノをふる。

Arroz con calabacín

ズッキーニのごはん

INGREDIENTES 材料(4人分)

米 ------------------------ 2カップ
ズッキーニ -------------------- 1本
にんにく ------------------------ 1片
チキンスープ(または野菜スープ)
------------------------ 2と1/4カップ
オリーブオイル ------------------ 大さじ1

PREPARACIÓN 作り方

1. ズッキーニはヘタを切り落とし、1cm角に切る。にんにくはみじん切りにする。

2. 鍋にチキンスープと塩小さじ1/2(分量外)を入れ、中火にかけて温める。

3. 別の鍋にオリーブオイルとにんにくを入れ、中火で炒める。香りが立ったらズッキーニと米を洗わずに加え、全体に油が回るように炒める。

4. 温めたチキンスープを加えて全体を混ぜ、蓋をして沸騰したら弱火で12〜13分炊き、火を止めてそのまま15分蒸らし、こしょう適量(分量外)をふる。

PEPINO

〔きゅうり〕

南アジアの熱帯地域原産で
古代ギリシャやローマに伝わり、
のちにヨーロッパ全体に
広がっていった野菜です。
夏には修道院でも栄養、水分補給に
たくさん食べます。酢漬けも人気。
日本のきゅうりの2.5倍くらい太めで、
皮がかたいときはむいたり、
大きい種は取り除くこともあります。

Pepino y
rabanito encurtido

Pepino encurtido

Pepino y rabanito encurtido

きゅうりとラディッシュの酢漬け

INGREDIENTES 材料
(作りやすい分量／でき上がり約400ml)

きゅうり	100g（約1本）
ラディッシュ（葉付き）	8個

a
- 白ワインビネガー 120ml
- はちみつ 大さじ1
- 塩 小さじ1
- タイム（またはローズマリー、ディル、コリアンダーなど） 適量
- オリーブオイル 120ml

PREPARACIÓN 作り方

1. きゅうりは洗い、5mm幅の輪切りにする。ラディッシュも洗い、茎を切り落として同様の厚さの輪切りにする。ラディッシュの葉適量は粗みじんに切る。

2. ボウルに1.を入れ、塩小さじ1（分量外）を全体にふり、軽く混ぜて6時間置き、出てきた水気をきる。

3. 鍋にaと水1/2カップを入れて中火にかけ、沸騰したら火を止めて粗熱を取る。

4. 2.を煮沸消毒した清潔な瓶に詰め、3.を被るようにひたひたに注ぐ。

CONSEJOS ◎冷蔵庫で3日間保存可能。さらに長期保存する場合は、012ページを参照して真空状態になっていれば冷蔵庫で3か月保存可能。

Pepino encurtido

きゅうりの酢漬け

INGREDIENTES 材料
(作りやすい分量／でき上がり約300ml)

きゅうり	300g（約3本）

a
- 白ワインビネガー 1/4カップ
- グラニュー糖 小さじ1/2
- 塩 小さじ1/4
- マスタードシード 小さじ1/2
- 黒粒こしょう 小さじ1/2
- 好みのハーブ（タイム、フェンネル、ディル、コリアンダーなど） 適量

PREPARACIÓN 作り方

1. きゅうりを洗い、半分の長さに切り、さらに縦半分に切る。ボウルに入れ、全体に塩小さじ1/2（分量外）をふり、軽く混ぜて30分置き、出てきた水気をきる。

2. 鍋にaと水70mlを入れて中火にかけ、沸騰したら火を止めて粗熱を取る。

3. きゅうりを煮沸消毒した清潔な瓶に詰め、2.を被るようにひたひたに注ぐ。

CONSEJOS ◎冷蔵庫で4〜5日間保存可能。さらに長期保存する場合は、012ページを参照して真空状態になっていれば冷蔵庫で3か月保存可能。

Pepino a la vinagreta

きゅうりのビナグレットソース和え

INGREDIENTES 材料（4人分）

きゅうり	2本
好みのハーブのみじん切り（イタリアンパセリ、オレガノ、ミント、レモンバーベナなど）	少々

a
- オリーブオイル 小さじ2
- 白ワインビネガー（またはりんご酢） 小さじ1

PREPARACIÓN 作り方

1. きゅうりは5mm幅の半月切りにする。

2. ボウルに1.、a、ハーブを入れて混ぜる。

AJO

〔にんにく〕

スペインは地方によってそれぞれ異なる
料理がたくさんありますが、
どれもにんにくを使うのが特徴です。
料理のアクセントに欠かせない食材で、
修道院でもよく使います。
夏に収穫し、束ねて風通しのよいところに
吊るしたり、オイル漬けにして保存します。

Ajos en aceite

Vinagre de ajo

Ajos encurtidos

Ajos en aceite

にんにくのオイル漬け

INGREDIENTES 材料
（作りやすい分量／でき上がり約300ml）

にんにく ----------- 100g（約1と1/4玉）
オリーブオイル ------------- 約1/2カップ
ローリエ ----------------------- 3枚
黒粒こしょう -------------------- 小さじ1

PREPARACIÓN 作り方

1. にんにくは皮をむく。

2. 煮沸消毒した清潔な瓶に詰める。

3. ローリエと黒粒こしょうを加え、瓶の上部は1cmほどあけてオリーブオイルをひたひたに注いで蓋を閉める。

4. 直射日光と高温を避け、冷暗所で3日置いたら使いどき。

CONSEJOS ◎使うときは、木ベラで潰してから使います。◎スープや煮込み、炒め物など、いろいろな料理に使え、漬け込んだオイルもおいしく使えます。◎冷蔵庫で1年保存可能。

Ajos encurtidos

にんにくの酢漬け

INGREDIENTES 材料
（作りやすい分量／でき上がり約300ml）

にんにく ----------- 100g（約1と1/4玉）
白ワインビネガー（またはりんご酢）
----------------------- 1/2カップ
塩 ---------------------------- 小さじ1

PREPARACIÓN 作り方

1. にんにくは皮をむく。

2. 鍋にたっぷりの水と塩を入れて沸かし、にんにくを2分茹で、冷水に取る。

3. 煮沸消毒した清潔な瓶に詰める。

4. 別の鍋に白ワインビネガー、水1/2カップを入れて中火にかける。沸騰したら火を止め、そのまま粗熱を取る。

5. にんにくの入った瓶に4.をひたひたに注ぎ、蓋を閉める。直射日光と高温を避け、冷暗所で1日置いたら使いどき。

CONSEJOS ◎酸味をまろやかにしたいときはりんご酢を使ってください。◎潰したり、薄切りにしたり、みじん切りにして使います。◎肉や魚介料理、サラダなどさまざまな料理に活用できます。◎冷蔵庫で1年保存可能。

Vinagre de ajo

にんにくビネガー

INGREDIENTES 材料
（作りやすい分量／でき上がり約500ml）

にんにく ---------------- 60g（5〜6片）
白ワインビネガー（またはりんご酢）
----------------------- 2と1/2カップ
赤唐辛子 ------------------------- 1本
タイム -------------------------- 4本
黒粒こしょう -------------------- 小さじ1

PREPARACIÓN 作り方

1. にんにくは皮をむく。

2. 清潔な瓶に1.、赤唐辛子、タイム、黒粒こしょうを入れ、白ワインビネガーを注いで蓋を閉める。

3. 直射日光と高温を避け、冷暗所で2週間以上置いたら使いどき。

4. 3.をザルで濾し、煮沸消毒した清潔な瓶に移す。

CONSEJOS ◎酸味をまろやかにしたいときにはりんご酢を使います。◎タイムのほかにもローズマリー、セージ、バジル、ミントなど、好みのハーブを使ってください。◎サラダやガスパチョに。ローストした魚に少し垂らしたり、鶏肉のアヒージョなどの肉料理に少し加えると味にコクを与えつつ、爽やかな味わいになります。◎濾して清潔な瓶に移せば、冷蔵庫で6か月保存可能。

Ajo blanco
白いガスパチョ

INGREDIENTES 材料（4人分）

アーモンドパウダー ----------------- 80g
食パン（白い部分）---------------- 100g
にんにくビネガー（—» Page. 147）-----大さじ2
オリーブオイル ------------------- 大さじ2
塩、白こしょう-------------------- 各適量
ぶどう（マスカットなど）------------- 4粒

PREPARACIÓN 作り方

1. ボウルにアーモンドパウダー、食パン、水
   1と1/2カップを入れ、ブレンダーまたはミ
   キサーでクリーム状に撹拌する。

2. にんにくビネガーとオリーブオイルを加えて
   混ぜ、塩と白こしょうで味を調え、冷蔵庫
   で冷やす。

3. 器にスープをよそい、輪切りにしたぶどう
   をのせてオリーブオイル少々(分量外)を回
   しかける。

Calabaza con ajo encurtido
かぼちゃのにんにくソテー

INGREDIENTES 材料(4人分)

かぼちゃ	1/2個
にんにくの酢漬け（⟶ *Page. 147*）	1〜2片
イタリアンパセリのみじん切り	大さじ1
オリーブオイル	大さじ1
塩、こしょう	各適量

PREPARACIÓN 作り方

1. かぼちゃはワタと種を取り、皮付きのまま2〜3cm角に切る。にんにくは薄切りにする。

2. フライパンにオリーブオイルを中火で熱し、にんにくをさっと炒め、かぼちゃを加えてこんがりするまで炒める。

3. 塩とこしょうで味を調え、イタリアンパセリをふる。蓋をして弱火にし、かぼちゃの中心まで火が通るように3〜4分蒸し焼きにする。

HINOJO

［フェンネル］

夏の間に葉が生い茂り、高さが2mにもなります。
葉はアニスに似た爽やかな甘い香りがし、
夏の終わりには黄色い花を咲かせます。
冬まで食べられますが、
最も香り豊かな、まだ暑さが残る頃に収穫します。
株から茎、葉までほぼ全部が食べることができ、
生で食べるとシャキシャキしていて爽やか。
蒸したり焼いたりすると、
繊細な風味とやわらかい食感がまたおいしいです。

Hinojo encurtido
フェンネルの酢漬け

INGREDIENTES 材料
（作りやすい分量／でき上がり約600ml）

フェンネル（株と茎）----- 350g（約大1本）
フェンネル（葉）-------------------- 1枝
a ┌ 白ワインビネガー ------------- 1カップ
　│ 水 -------------------------- 1/2カップ
　│ 黒粒こしょう ------------- 小さじ1/2
　│ 塩 ------------------------- 小さじ2
　│ グラニュー糖----------------- 小さじ2
　│ ローリエ --------------------- 1枚
　│ オレンジの皮（またはレモンの皮。
　└ 合わせて使っても）------------- 適量

PREPARACIÓN 作り方

1. フェンネルの株はかたい表面の皮をむき、縦半分に切る。かたい芯を取り、細切りにする。茎も株の太さに合わせて細切りにする。葉はざく切りにする。

2. ボウルに1.を入れ、塩大さじ1（分量外）をふって軽く混ぜ、1時間以上置く。

3. 鍋にaを入れて中火にかけ、沸騰したら火を止める。

4. 水気をきった株と茎、葉を煮沸消毒した清潔な瓶に詰める。3.をフェンネルが被るようにひたひたに注ぐ。

CONSEJOS ◎冷蔵庫で2週間保存可能。さらに長期保存する場合は、012ページを参照して真空状態になっていれば冷蔵庫で3か月保存可能。

Hinojo al horno
フェンネルのオーブン焼き

INGREDIENTES 材料(4人分)

フェンネル（株）---------------- 大1本
パン粉 ------------------ 大さじ2～3
オリーブオイル --------------- 大さじ2
塩、こしょう------------------ 各適量

PREPARACIÓN 作り方

1. フェンネルはかたい表面の皮をむき、4等分に切り、かたい芯を取る。

2. オーブンを200℃に温める。

3. ボウルに1.を入れてオリーブオイルを全体にかけ、塩とこしょうをふってよく混ぜる。

4. 天板にオーブンシートを敷き、3.を重ならないように並べ、パン粉をふる。温めたオーブンで20～25分焼く。

Crema de hinojo
フェンネルのクリームスープ

INGREDIENTES 材料(4人分)

フェンネル（株、茎）----------- 大1本
フェンネルの葉のみじん切り ------ 少々
オリーブオイル --------------- 大さじ2
野菜スープ ------------------ 3カップ
塩、こしょう------------------ 各適量

PREPARACIÓN 作り方

1. フェンネルの株はかたい表面の皮をむき、縦半分に切り、かたい芯を取り、粗みじんに切る。茎も株の大きさに合わせて切る。

2. 鍋にオリーブオイルを中火で熱し、株と茎を炒める。

3. 透明になったら野菜スープを加えて蓋をし、フェンネルがやわらかくなるまで15～20分煮る。

4. 塩とこしょうで味を調え、フェンネルの葉をふる。

Salmón con salsa de hinojo y mostaza
鮭とフェンネルの酢漬け マスタードソース

INGREDIENTES 材料(4人分)

鮭（切り身）---------------------- 4切れ
フェンネルの酢漬け（→ Page. 151）---- 300g
粒マスタード --------------------- 大さじ1
オリーブオイル ------------------- 大さじ1
塩、こしょう--------------------- 各適量

PREPARACIÓN 作り方

1. 鮭に塩とこしょう各少々をふる。フライパンに
   オリーブオイルを中火で熱し、鮭の両面をこ
   んがり焼く。鮭に火が通ったら皿にのせる。

2. 水気をきったフェンネルと粒マスタードを
   混ぜ、焼いた鮭に添える。

Ensalada de hinojo
y manzana
りんごとフェンネルのサラダ

INGREDIENTES 材料（4人分）

りんご ------------------------------ 小2個
フェンネルの酢漬け（⟶ Page. 151）---- 300g
フェンネルの酢漬けの液 ---------- 大さじ2
オリーブオイル ------------ 大さじ1と1/2
塩、こしょう -------------------- 各適量

PREPARACIÓN 作り方

1. りんごは4等分のくし形切りにし、芯と種を
   取る。皮ごと5mm厚さに切る。

2. ボウルに1、フェンネル、マリネ液を混ぜる。

3. オリーブオイルを加えて混ぜ、塩とこしょう
   で味を調える。

Sopa de hierba de hinojo
ドライフェンネルの葉のスープ

INGREDIENTES 材料(4人分)

むき海老 ------------------------------ 8尾
白いんげん豆(手亡豆) ---------- 100g
ドライフェンネル ------------------ 適量
魚介のスープ ------------ 2と1/2カップ
塩、こしょう----------------------- 各適量

PREPARACIÓN 作り方

1. 白いんげん豆はさっと洗い、たっぷりの水で皮のシワがなくなるまで6時間以上置く。気温の高い日は冷蔵庫に入れて戻す。

2. 鍋に戻した白いんげん豆を入れてひたひたに水を注ぎ、中火にかける。沸騰したら水1カップの差し水をする。再び沸騰したら同様に差し水をする。蓋をして弱火で豆がやわらかくなるまで20分煮る。指で潰れる程度のやわらかさになったら火を止め、そのまま粗熱が取れるまで置き、ザルに上げる。

3. 海老は背ワタを取る。

4. 鍋に魚介のスープ、白いんげん豆、海老を入れて中火にかけ、沸騰したら弱火にして煮る。

5. 海老に火が通ったら、塩とこしょうで味を調える。皿によそい、ドライフェンネルの葉をふる。

CONSEJOS ◎ドライフェンネルは直射日光の当たらない風通しのよい場所に1週間〜10日吊るして作ります。◎葉の束の中が蒸れないように、ときどき葉の間に空気が入るように重なっているものをバラバラにします。◎バスクで愛されている豆のひとつに白いんげん豆があります。大きさもさまざまな種類があります。一般的な大きさの大福豆でもよいですが、ここでは白いんげん豆の中でもより小さい手亡豆を使いました。戻し時間も煮る時間も大福豆(P.212参照)より短めです。

VERDURAS MIXTAS DE VERANO

〔夏野菜〕

夏野菜を組み合わせてオイル漬けにするのは、古くから伝わる保存食。
明るい色合いとさまざまな野菜の風味が楽しめます。
「ピスト」は主菜としても、副菜としても夏に活躍する料理。
多めに作って保存し、秋や冬にも楽しむことができるごちそうです。

Pisto en conserva

Hortalizas de verano en aceite

Pisto en conserva

ピストの瓶詰め

INGREDIENTES 材料
（作りやすい分量／でき上がり約700ml）

玉ねぎ ------------------- 180g（約1個）
にんにく ------------------------ 1片
トマト ------------------- 500g（約3個）
ズッキーニ --------------- 300g（約2本）
ピーマン ----------------- 120g（約2個）
赤パプリカ --------------- 120g（約2個）
ローリエ ------------------------ 2枚
グラニュー糖 ------------------小さじ2
塩 --------------------------小さじ1/2
オリーブオイル ----------------大さじ1

PREPARACIÓN 作り方

1. 玉ねぎは粗みじん切りにし、にんにくは
   みじん切りにする。トマトは皮をむき、1〜
   2cm角に切る。残りの野菜も同様に1〜
   2cm角に切る。

2. 鍋にオリーブオイルを弱火で熱し、玉ねぎ
   とにんにくを炒める。玉ねぎがしんなりした
   らトマト以外の野菜を加え、さらにしんなり
   するまで炒める。

3. トマトとローリエを加えて混ぜ、蓋をして弱
   火で20分煮る。焦げないようにときどき混
   ぜ、トマトの水分がほとんどなくなるまで煮
   詰める。途中、グラニュー糖と塩を加えて
   混ぜる。煮詰まり過ぎるようであれば、水適
   量を加える。

4. 熱いうちに煮沸消毒した清潔な瓶に詰
   め、蓋を閉める。

5. 深鍋にフキンを敷き、4.の瓶を置く。野菜
   が見えるところまで水を注ぐ（瓶の上部は
   2cmほどあけておく）、中火にかける。沸
   騰寸前に弱火にして20分煮沸して取り出
   し、蓋をしっかり閉める。

CONSEJOS ◎地中海に面した国を中心に各国で作
られている、夏野菜を炒めて煮る料理です。南仏のラタ
トゥイユがなじみ深いかもしれません。スペインでも古く
から食べられていて、家庭でも修道院でも頻繁に作りま
す。卵を落として半熟を崩して一緒に食べたり、魚介や
肉と煮たり、料理の上にかけてソース的な役割をするこ
とも。パンや白いごはんとも合います。◎しっかり真空
状態になっていれば冷蔵庫で1〜2か月保存可能。冷
凍する場合は保存容器または冷凍用保存袋に入れ、食
べる際は冷蔵庫に入れて解凍してください。

Hortalizas de verano en aceite

夏野菜ミックスのオイル漬け

INGREDIENTES 材料
（作りやすい分量／でき上がり約1ℓ）

米なす ------------------- 200g（1個）
ズッキーニ --------------- 150g（約1本）
赤パプリカ --------------- 120g（約2個）
ピーマン ----------------- 120g（約2個）
ペコロス ----------------- 150g（約6個）
にんにく ------------------------ 2片
レモン -------------------------- 1個
ローズマリー -------------------- 2本
タイム -------------------------- 2本
塩 --------------------------大さじ1
オリーブオイル ------------ 2と1/4カップ

PREPARACIÓN 作り方

1. 米なすとズッキーニは1.5cm幅の輪切り
   に、大きければ半月切りにする。ザルに入
   れ、全体に塩をまぶして1時間以上置く。
   水で塩を洗い流し、ペーパータオルで水気
   をしっかりふく。

2. 赤パプリカとピーマンは軸と種を取り、
   1.5cm幅に切る。ペコロスとにんにくは皮
   をむき、大きければ半分に切る。

3. オーブンを220℃に温める。

4. 天板にオーブンシートを敷き、1.と2.を並
   べ、オリーブオイル大さじ2（分量外）をまぶ
   し、温めたオーブンでそれぞれの野菜の
   両面を5〜6分焼く。

5. オーブンから取り出し、4.の野菜にレモン
   を全体に搾る。

6. 煮沸消毒した清潔な瓶に5.、ローズマリー、
   タイムを詰め、野菜が被るようにオリーブオ
   イルをひたひたに注ぐ。

CONSEJOS ◎ガラス瓶と温度差があると、割れやすい
ので瓶を温めておくとよいです。◎冷蔵庫で1週間保
存可能。012ページを参照して真空状態になっていれ
ば3〜4か月保存可能。

Emperador con pisto

カジキマグロのピストがけ

INGREDIENTES 材料(4人分)

ピストの瓶詰め（──» **Page. 157**）-------------- 適量
カジキマグロ（切り身）------------------4切れ
オリーブオイル ----------------------- 小さじ2
塩、こしょう-------------------------- 各適量

PREPARACIÓN 作り方

1. カジキマグロは塩とこしょうをふる。

2. フライパンにオリーブオイルを中火で熱し、カジキ
   マグロの両面をこんがり焼いて皿に盛る。

3. 同じフライパンでピストを温め、2.にかける。

Pasta con verduras de verano

夏野菜ミックスのオイル漬けの
ショートパスタ

INGREDIENTES 材料(2人分)

フジッリ ----------------------------------- 140g
夏野菜ミックスのオイル漬け(→ *Page. 157*) ---- 適量
塩、こしょう ----------------------------- 各適量

PREPARACIÓN 作り方

1. 鍋にたっぷりの湯に沸かして塩適量を入れ、フジッリを袋の表示通りに茹でる。茹で上がったら、ザルに上げて湯をしっかりきり、皿に盛る。

2. 夏野菜ミックスの油をきって、1.にのせ、塩とこしょうをふり、混ぜながら食べる。

CONSEJOS ◎野菜にオイルが十分に染み込んでいますが、野菜の味が移ったオイルも香ばしくておいしいので、パスタにかけても。

BONITO

〔ビンナガマグロ〕

夏になると、イワシやアジなどの小魚が
カンタブリア海に大量にやって来ます。
それを目指してアゾレス諸島周辺の海域に生息している
ビンナガマグロもいっせいにビスケー湾に集まります。
品質はもちろん、伝統的な手法で獲られ、大変良質と名高い一品。
修道院では旬の時期、価格も手頃になる頃にオイル漬けにします。
海に近い修道院では、漁師さんにおすそ分けしていただくことも。
自家製のツナは自然な仕上がりで、とてもおいしいです。

Bonito en aceite

ビンナガマグロのオイル漬け

INGREDIENTES 材料(作りやすい分量)

ビンナガマグロ(柵) ---------- 500g
ローリエ ---------------------- 4枚
塩 ---------------------------- 30g
オリーブオイル ---------------- 適量

PREPARACIÓN 作り方

1. ビンナガマグロは血合いがあれば取り除き、詰める瓶に入るように切る。

2. 鍋に水1ℓ、ローリエ、塩を入れて中火にかけ、沸騰したらビンナガマグロを10分茹でる。ペーパータオルで水気をしっかりふく。小さい切り身がある場合は時差をつけて取り出す。

3. 煮沸消毒した清潔な瓶の底にオリーブオイル小さじ2程度を入れる。そこにビンナガマグロを詰める。大きく長いものは外側に、小さいものは隙間を埋めるように詰めるとよい。

4. オリーブオイルを注ぐ。隙間にオイルが徐々に染みていくので15分置き、再度ビンナガ

マグロが隠れるまでオイルを足す。気泡があればナイフやスプーンの柄などで取り、瓶に接している身があれば隙間を作り、オイルでマグロの身を覆うようにする。

5. 深鍋にフキンを敷き、4.の瓶を置く。カジキマグロが見えるところまで水を注ぎ、中火にかける。沸騰寸前に弱火にして30〜40分煮沸して取り出し、蓋をしっかり閉める。

CONSEJOS ◎血合いは傷みと臭みの原因になりやすいので、取り除きます。◎黒粒こしょう、好みのハーブ(タイム、ローズマリー、フェンネルの葉など)を加えると、変化が楽しめます。◎瓶詰め後の煮沸時間は瓶の大きさで幅を持たせました。◎しっかり真空状態になっていれば6か月保存可能。◎瓶詰め後の煮沸をしない場合は冷蔵庫で5日間保存可能。

CONSERVAS DE OTOÑO

南へ向かっていく渡り鳥たちが空に群れをなし、木々は秋の色合いを帯び始め、空気も日ごとに冷たさを増していくのを感じます。バスク地方の秋はとても美しい季節といわれています。修道院の庭の木々たちも黄金色や赤みを帯び、どの季節ともまったく違った表情を見せてくれます。

りんご、くるみ、栗、秋の実りはバスクの食文化を代表するものばかり。秋の深まりとともにりんごの木は果実の重さで枝が下がり始め、くるみや栗はすでに地面に落ちています。

マルメロの木も初秋の雨で成長し、薄緑色から黄色に静かに変化していきます。綿毛が抜けて黄金色になると成熟したしるし。同時に甘く芳醇な香りが庭に漂い始めます。修道女たちは秋の香りを実感しながら、染み渡るような独特の香りの中、収穫をします。ビジタション・デ・サンタ・マリア修道院では、販売するためのドゥルセ・デ・メンブリージョ（マルメロの固形ジャム）作りで忙しくなります。収穫したマルメロを弱火でじっくりと炊き上げ、やわらかな食感と甘く繊細な風味のジャムに仕上げます。その味は絶品で、晩秋の販売を心待ちにしている人たちも少なくありません。

MANZANA
［りんご］

りんごの産地として名高いバスク地方。古くからシードル作りが盛んで、
りんごとシードルはどちらもバスクの人たちの食生活になくてはならないもの。
修道院でも料理やお菓子にたくさん活用します。本来の風味を生かしたコンポートも欠かせません。

Mermelada
de manzana al anís

Mermelada de manzana

Mermelada de manzana,
naranja y kiwi

Mermelada de manzana

りんごのジャム

INGREDIENTES 材料
（作りやすい分量/でき上がり約400ml）

りんご ------------------- 600g（約2個）
レモン果汁-------------------- 1/2個分
グラニュー糖 ------250g（正味量の50%）

PREPARACIÓN 作り方

1. りんごは皮をむいて芯と種を取り、1〜1.5cm角に切る。果肉の重さを量り、その半量の重さのグラニュー糖を用意する。皮と芯は取り置く。

2. ボウルに1.とレモン果汁を入れて混ぜ、2時間以上置く。

3. りんごから出た水分ごと鍋に入れ、皮と芯を加える。中火にかけて沸騰したらアクを丁寧に取る。弱めの中火でときどき混ぜながらとろりとするまで20〜25分煮る。皮と芯を取り除き、半量程度をマッシャーもしくはフォークで潰す。

4. 熱いうちに煮沸消毒した清潔な瓶に詰める。

CONSEJOS ◎りんごの潰し方は好みで加減してください。◎修道院でもりんごの種類も作り方もさまざまです。皮付きのまま煮て、ムーランで裏濾しする修道院や、皮ごとブレンダーにかけて砕いてしまう修道院もあります。◎冷蔵庫で2週間保存可能。さらに長期保存する場合は、012ページを参照。

Mermelada de manzana al anís

りんごと洋梨のスターアニス風味ジャム

INGREDIENTES 材料
（作りやすい分量/でき上がり約400ml）

りんご ------------------- 300g（約1個）
洋梨 ------------------- 250g（約1個）
グラニュー糖 ------230g（正味量の50%）
レモン果汁-------------------- 1/2個分
スターアニス ----------------------- 2個

PREPARACIÓN 作り方

1. りんごと洋梨は皮をむき、芯と種を取る。6〜7mm厚さのいちょう切りにする。両方の果肉の重さを量り、その半量の重さのグラニュー糖を用意する。

2. ボウルに1.とレモン果汁を入れて混ぜ、2時間以上置く。

3. 果物から出た水分ごと鍋に入れ、スターアニスを加える。中火にかけて沸騰したらアクを丁寧に取る。弱めの中火でときどき混ぜながらとろりとするまで20〜25分煮る。スターアニスを取り出し、ブレンダーもしくはマッシャーで果実を潰す。

4. 熱いうちに煮沸消毒した清潔な瓶に取り出したスターアニアとともに詰める。

CONSEJOS ◎ブレンダーを使う場合は、りんごを皮ごと使っても。◎冷蔵庫で2週間保存可能。さらに長期保存する場合は、012ページを参照。

Mermelada de manzana, naranja y kiwi

りんごとキウイフルーツ、オレンジのジャム

INGREDIENTES 材料
（作りやすい分量/でき上がり約400ml）

りんご ------------------- 300g（約1個）
キウイフルーツ ----------- 130g（約1個）
オレンジ ----------------- 200g（約1個）
グラニュー糖 ------220g（正味量の50%）
レモン果汁-------------------- 1/2個分

PREPARACIÓN 作り方

1. りんごとキウイフルーツは皮をむき、1〜1.5cm角に切る。オレンジは薄皮から果肉を取り出す。あれば種を取り、4等分に切る。

2. すべての果肉の重さを量り、その半量の重さのグラニュー糖を用意する。

3. ボウルに1.、2.、レモン果汁を入れて混ぜ、2時間以上置く。

4. 果物から出た水分ごと鍋に入れ、中火にかけて沸騰したらアクを丁寧に取る。弱めの中火でときどき混ぜながらとろりとするまで20〜25分煮る。

5. 熱いうちに煮沸消毒した清潔な瓶に詰める。

CONSEJOS ◎冷蔵庫で2週間保存可能。さらに長期保存する場合は、012ページを参照。

Mermelada
de manzana al vino tinto

りんごと赤ワインのジャム

INGREDIENTES 材料
(作りやすい分量／でき上がり約350ml)

りんご ----------------- 500g（約小2個）
赤ワイン --------------------大さじ3
グラニュー糖 ------200g（正味量の50％）
レモン果汁-------------------- 1/2個分

PREPARACIÓN 作り方

1. りんごは皮をむいて芯と種を取り、1〜1.5cm角に切る。果肉の重さを量り、その半量の重さのグラニュー糖を用意する。

2. ボウルに1.、赤ワイン、レモン果汁を入れて混ぜ、2時間以上置く。

3. 鍋に2.を入れ、中火にかけて沸騰したらアクを丁寧に取る。弱火でときどき混ぜながらとろりとするまで20〜25分煮る。

4. 熱いうちに煮沸消毒した清潔な瓶に詰める。

CONSEJOS ◎冷蔵庫で2週間保存可能。さらに長期保存する場合は、012ページを参照。

Mermelada
de manzana y menta

青りんごとミントのジャム

INGREDIENTES 材料
(作りやすい分量／でき上がり約400ml)

青りんご（王林、グラニースミスなど）
----------------------- 600g（約2個）
ミントの葉のみじん切り ----------小さじ2
グラニュー糖 ------250g（正味量の50％）
レモン果汁-------------------- 1/2個分

PREPARACIÓN 作り方

1. りんごは皮をむいて芯と種を取り、1〜1.5cm角に切る。皮と芯は取り置く。果肉の重さを量り、その半量の重さのグラニュー糖を用意する。

2. ボウルに1.とレモン果汁を入れて混ぜ、2時間以上置く。

3. りんごから出た水分ごと鍋に入れ、皮と芯を加える。中火にかけて沸騰したらアクを丁寧に取る。弱火でときどき混ぜながらとろりとするまで20〜25分煮る。皮と芯を取り除き、半量程度をマッシャーもしくはフォークで潰す。

4. 火を止めてそのまま粗熱を取る。ミントを加えて混ぜ、煮沸消毒した清潔な瓶に詰める。

CONSEJOS ◎冷蔵庫で2週間保存可能。さらに長期保存する場合は、012ページを参照。

Mermelada
de manzana y limón

りんごとレモンのジャム

INGREDIENTES 材料
(作りやすい分量／でき上がり約400ml)

りんご ------------------- 600g（約2個）
レモン ------------------- 250g（約2個）
グラニュー糖 ------250g（正味量の50％）

PREPARACIÓN 作り方

1. りんごは皮をむいて芯と種を取り、1〜1.5cm角に切る。

2. レモンは皮を包丁でむく。1個分の皮はみじん切りにしてたっぷりの湯で10分茹でる。茶濾しで取り、流水で洗い、水気をきる。残ったレモンは薄皮から果肉を取り出し、種を取って3等分に切る。

3. 1.、2.の重さを量り、その半量の重さのグラニュー糖を用意する。

4. ボウルにりんごとレモンの果肉、レモンの皮、グラニュー糖を入れて混ぜ、2時間以上置く。

5. 果肉から出た水分ごと鍋に入れて中火にかけ、沸騰したらアクを丁寧に取る。弱火でときどき混ぜながらとろりとするまで20〜25分煮る。

6. 熱いうちに煮沸消毒した清潔な瓶に詰める。

CONSEJOS ◎冷蔵庫で2週間保存可能。さらに長期保存する場合は、012ページを参照。

Mermelada
de manzana y menta

Mermelada
de manzana al vino tinto

Mermelada
de manzana y limón

秋の保存食 1 りんご

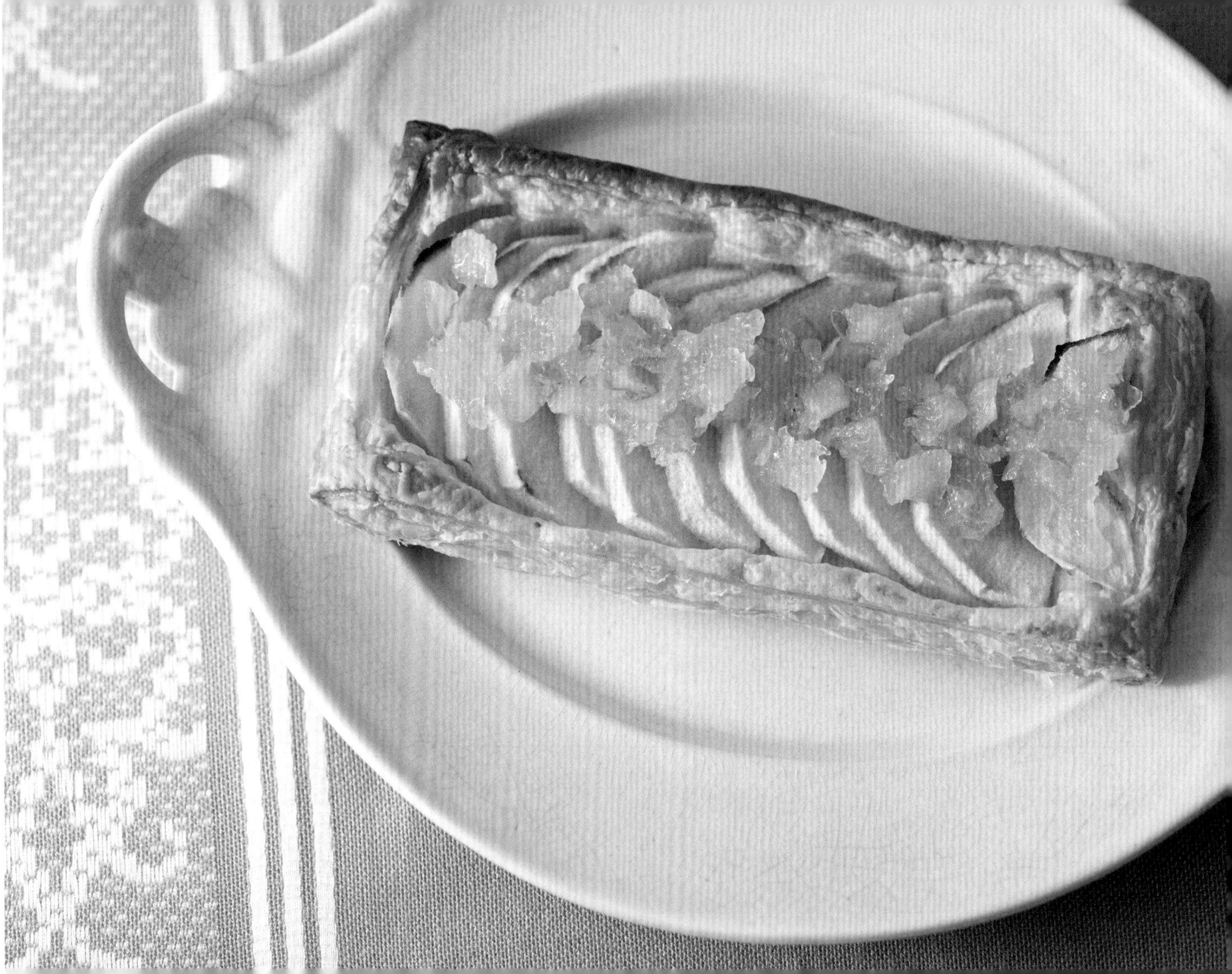

Hojaldre de manzana

アップルパイ

INGREDIENTES 材料（20cm×10cm・2枚分）

マザー・マリア・アルムデナのパイ生地

（ ⟶ Page. 083 ） ----------------------- 300g

りんご ----------------------------- 1個

りんごとレモンのジャム（ ⟶ Page. 164 ）

----------------------------------大さじ6

PREPARACIÓN 作り方

1. オーブンを190℃に温める。

2. りんごは芯と種を取り、薄いくし形に切る。

3. パイ生地はオーブンシートの上で20cm
   角、厚さ3mm程度に麺棒でのばす。半分
   に切り、それぞれ端から1cm幅にナイフで
   浅く切り込みを入れ、線の内側にフォークで
   まんべんなく穴をあける。その上にりんごを
   半量ずつ重ねて並べる。

4. オーブンシートごと天板にのせ、温めた
   オーブンで20分焼く。

5. オーブンから取り出し、ジャムをのせる。

CONSEJOS ◎善き羊飼いの修道院のマザー・マリア・
アルムデナが得意とするパイ。パイ生地がおいしいの
で、ごくシンプルにりんごをのせ、ジャムを添えただけ
です。りんごの下にコンポートを塗ったり、シナモンパウ
ダーをふることもあるそうです。温かいままでも冷やして
もおいしくいただけます。

Jalea de manzana y menta
りんごとミントのジュレジャム

INGREDIENTES 材料
（作りやすい分量／でき上がり約300ml）

りんご（紅玉など）--------- 500g（約4個）
グラニュー糖 ------100g（果汁量の70%）
レモン果汁----------------------- 1個分
レモンの皮 ---------------------- 1個分
ミント------------------------------ 1束
ミントの葉のみじん切り -----------大さじ3

PREPARACIÓN 作り方

1. りんごは洗って水気をふき、皮付きのまま
   ぶつ切りにする。レモンの皮とミントはタコ
   糸で束ねる。

2. 鍋に1.を入れ、りんごより1cmほど多めに
   水を加える。中火にかけ、沸騰したら弱火
   でやわらかくなるまで30分煮る。

3. ボウルより大きめのザルを重ねて清潔な

ガーゼを敷き、2.を少しずつ静かに入れ
る。自然に果汁が落ちるようにそのまま3
～4時間置く。果汁が出なくなったら、ボ
ウルに溜まった果汁の重量を量り、その
70%の重さのグラニュー糖を用意する。

4. 鍋に3.とレモン果汁を入れて弱火にかけ
   る。ときどきアクを丁寧に取りながらやさし
   く混ぜ、35～40分煮る。1/3量程度にな
   り、とろりと重くなってきたら火を止め、そ
   のまま15分置く。

5. 冷めたらミントの葉を加えて混ぜ、煮沸消
   毒した清潔な瓶に詰める。

CONSEJOS ◎ゆっくり濾すのが透明なジュレジャムを
作るポイントです。◎ジャムの販売で名高い、南の地方
にあるグラナダのサンタ・ポーラ修道院のレシピを参考
にしました。◎ミントのほかにもお好きなハーブで楽し
んでください。◎ジャムやドゥルセ（P.172参照）で残っ
た皮や芯は取り置き、このレシピに加えるとより風味が
上がります。また残った果肉でジャムやドゥルセが作れ
ます。◎冷蔵庫で2週間保存可能。さらに長期保存す
る場合は、012ページを参照。

Compota de manzana con especias
りんごとスパイスのコンポート

INGREDIENTES 材料
（作りやすい分量／でき上がり約500ml）

りんご ------------------- 600g（約2個）
グラニュー糖 ------- 70g（正味量の14%）
レモン果汁-------------------- 1/2個分
［スパイス］
　　シナモンパウダー---------- 小さじ1/5
　　クローブパウダー ---------- 小さじ1/5
　　ナツメグパウダー ---------- 小さじ1/5

PREPARACIÓN 作り方

1. りんごは皮をむいて芯と種を取り、1cm厚さ
   のいちょう切りにする。果肉の重さを量り、そ
   の14%の重さのグラニュー糖を用意する。

2. 鍋に1.、レモン果汁、水3/4カップを入れ
   て中火にかけ、沸騰したらアクを丁寧に取
   る。弱火でときどき混ぜながらとろりとする
   まで10～15分煮る。

3. ブレンダーまたはマッシャーで潰して鍋に
   戻し入れ、スパイスを加えてさらに弱火で
   5分煮る。

4. 熱いうちに煮沸消毒した清潔な瓶に詰める。

CONSEJOS ◎粗めが好みの際は、フォークや木ベラで
潰してください。◎冷蔵庫で2～3日間、冷凍庫で1か
月保存可能。冷凍する場合は保存容器または冷凍用保
存袋に入れ、食べる際は冷蔵庫に入れて解凍してくだ
さい。012ページを参照して真空状態になっていれば
冷蔵庫で6か月保存可能。

Compota
de manzana al jengibre
りんごとしょうがのコンポート

INGREDIENTES 材料
（作りやすい分量／でき上がり約500ml）

りんご --------------------- 600g（約2個）
グラニュー糖 ------- 70g（正味量の14%）
しょうがスライス--------------------- 2枚
レモン果汁-------------------- 1/4個分

PREPARACIÓN 作り方

1. りんごは皮をむいて芯と種を取り、1cm厚さのいちょう切りにする。果肉の重さを量り、その14%の重さのグラニュー糖を用意する。

2. 鍋に1.、しょうが、レモン果汁、水3/4カップを入れる。中火にかけ、沸騰したらアクを丁寧に取る。弱火でときどき混ぜながらとろりとするまで10〜15分煮る。

3. ブレンダーまたはマッシャーで潰す。

4. 熱いうちに煮沸消毒した清潔な瓶に詰める。

CONSEJOS ◎善き羊飼いの修道院で教わったレシピは皮ごと煮て、ムーランで濾す方法でしたが、ここでは皮をむいています。◎しょうがの味をマイルドにする場合は潰す前に取り出します。◎粗めが好みの際は、フォークや木ベラで潰してください。◎冷蔵庫で2〜3日間、冷凍庫で1か月保存可能。冷凍する場合は保存容器または冷凍用保存袋に入れ、食べる際は冷蔵庫に入れて解凍してください。012ページを参照して真空状態になっていれば冷蔵庫で6か月保存可能。

Jalea de
manzana y menta

Compota de
manzana
con especias

Compota de
manzana al jengibre

Pollo con manzana
鶏肉とりんごの蒸し煮

INGREDIENTES 材料(4人分)

鶏むね肉 ----------------------- 2枚
りんご --------------------------- 1個
玉ねぎ ------------------------- 1/2個
白ワイン --------------------- 1/4カップ
オリーブオイル ---------------- 大さじ1
塩、こしょう -------------------- 各適量

PREPARACIÓN 作り方

1. りんごは洗って芯と種を取り、皮付きのまま1.5cm角に切る。玉ねぎは薄切りにする。鶏肉はひと口大に切り、塩とこしょうをふる。

2. フライパンにオリーブオイルを弱火で熱し、玉ねぎを炒める。

3. 玉ねぎがしんなりしたら鶏肉を加え、こんがりと焼く。

4. りんごを加えて全体に白ワインをふり、蓋をして弱火で15〜20分蒸し焼きする。

Batido de manzana y rábano
りんごとラディッシュのジュース

INGREDIENTES 材料(1人分)

りんご --------------------------- 1個
ラディッシュ --------------------- 1個
はちみつ ------------------------ 適宜

PREPARACIÓN 作り方

1. りんごとラディッシュは洗う。りんごは皮付きのまま芯と種を取り、ぶつ切りにする。ラディッシュは葉ごと茎をざく切りにする。

2. 1.と水1/2カップをブレンダーまたはミキサーでジュース状に攪拌する。

3. 味を見て、好みではちみつを加えて甘さを調節する。

CONSEJOS ◎善き羊飼いの修道院で教えていただいた肝臓によいというジュースです。

Manzana asada
焼きりんご

INGREDIENTES 材料(4人分)

りんご --------------------------- 4個
赤ワイン --------------------- 大さじ2
グラニュー糖 ------------------ 大さじ2

PREPARACIÓN 作り方

1. オーブンを180℃に温める。

2. りんごはヘタがついたまま上部を1cmほど切り、取り置く。小さなスプーンで芯をくり抜く。

3. くり抜いた部分にグラニュー糖と赤ワインを大さじ1/2ずつ入れ、取り置いた上部をのせる。

4. オーブンシートを敷いた天板にのせ、温めたオーブンで40〜45分焼く。

CONSEJOS ◎どこの修道院でもよく作り、皮ごと食べます。余っていれば赤ワインやリキュールを使いますが、シンプルに水を使って焼くことが多いようです。

Dulce de manzana

ドゥルセ・デ・マンサーナ（りんごの固形ジャム）

INGREDIENTES 材料(容量650mlの容器・1個分)

りんご(紅玉など) ----------------------------- 1kg(約8個)
グラニュー糖 ------------------------ 400g(正味量の50%)
レモン果汁---1個分

PREPARACIÓN 作り方

1. りんごは洗って皮付きのまま芯と種を取り、ぶつ切りにする。

2. 鍋に1.と水1/2カップを入れて中火にかける。沸騰したら蓋を閉め、弱火で透き通ってやわらかくなるまで煮る。

3. ミキサーまたはブレンダーでピューレ状に撹拌し、ザルで濾し、皮を取り除く。果肉の重さを量り、その半量の重さのグラニュー糖を用意する。

4. 鍋にりんごのピューレ、グラニュー糖3/4量、レモン果汁を入れて中火にかけ、焦げないように混ぜ続けながら煮詰める。20分したら残りのグラニュー糖を加え、さらに混ぜながら5〜10分煮る。

5. 色がより濃くなり、鍋から離れる程度まで煮詰まったら、ラップを敷いた耐熱容器に入れる。粗熱を取り、冷蔵庫で保存する。

CONSEJOS ◎写真左側は善き羊飼いの修道院でお土産にいただいたものです。修道院の庭にある古い木から採れたりんごで毎年作っては保存しているそうです。お別れのときに白い紙にきれいに包まれた甘い香りのする、思いもよらないプレゼントにびっくりしました。長い旅の間に少し変形してしまいましたが、半年以上経った今でもおいしくいただけます。◎グラニュー糖の量は70%以上または同量の修道院が多いですが、ここではりんごの香りと味を生かして正味量の50%としています。好みで加減してください。◎形に決まりはないので、家にある容器を使ってください。◎1か月ほど経ってからのほうがおいしいといわれています。◎冷蔵庫で1年間保存可能。長期保存する場合はラップをしてから保存容器に入れます。また小分けにしておくと使いやすいです。

Dulce de manzana con nuez

ドゥルセ・デ・マンサーナと
チーズとくるみ

INGREDIENTES 材料(4人分)

ドゥルセ・デ・マンサーナ(りんごの固形ジャム)
--------------------------------------- 適量
チーズ(ハード) ----------------------- 適量
くるみ(無塩・ロースト)------------------- 適量

PREPARACIÓN 作り方

1. ドゥルセとチーズは5mm厚さの三角形に切り、
   交互に重ねる。

2. 器に盛り、くるみをのせる。

CONSEJOS ◎バスク名産のチーズ、イディアサバルを使うと、
より風味が増します。

PERA

〔洋梨〕

Mermelada
de pera al romero

Mermelada
de pera y naranja

Mermelada
de peras y jengibre

修道院でとても身近な果物のひとつ。100年以上もの古い木があるところも少なくありません。
種類はほとんどが小ぶりで愛らしい形をしたコンファレンス梨。
とても甘いので、シンプルにコンポートにする食べ方が親しまれています。

Mermelada de peras y jengibre

洋梨としょうがのジャム

INGREDIENTES 材料
（作りやすい分量／でき上がり約300ml）

洋梨 -------------------- 500g（約2個）
しょうがのすりおろし ------------小さじ1
グラニュー糖 ------200g（正味量の50%）
レモン果汁------------------- 1／2個分

PREPARACIÓN 作り方

1. 洋梨は皮をむいて芯と種を取り、2cm角に切る。果肉の重さを量り、その半量の重さのグラニュー糖を用意する。

2. ボウルに1.とレモン果汁を入れて混ぜ、1〜2時間置く。

3. 洋梨から出た水分ごと鍋に入れて中火にかけ、沸騰したらアクを丁寧に取る。しょうがを加え、弱火で好みの大きさに木ベラで潰しながら20〜25分煮る。

4. 熱いうちに煮沸消毒した清潔な瓶に詰める。

CONSEJOS ◎冷蔵庫で2週間保存可能。さらに長期保存する場合は、012ページを参照。

Mermelada de pera al romero

洋梨とローズマリーのジャム

INGREDIENTES 材料
（作りやすい分量／でき上がり約300ml）

洋梨 -------------------- 500g（約2個）
グラニュー糖 ------200g（正味量の50%）
レモン果汁------------------- 1／2個分
ローズマリー ----------------------- 2本

PREPARACIÓN 作り方

1. 洋梨は皮をむいて芯と種を取り、2cm角に切る。果肉の重さを量り、その半量の重さのグラニュー糖を用意する。

2. ボウルに1.とレモン果汁を入れて混ぜ、1〜2時間置く。

3. 洋梨から出た水分ごと鍋に入れ、中火にかけて沸騰したらアクを丁寧に取る。ローズマリーを加え、弱火で好みの大きさに木ベラで潰しながら20〜25分煮る。

4. 熱いうちに煮沸消毒した清潔な瓶に詰める。

CONSEJOS ◎冷蔵庫で2週間保存可能。さらに長期保存する場合は、012ページを参照。

Mermelada de pera y naranja

洋梨とオレンジのジャム

INGREDIENTES 材料
（作りやすい分量／でき上がり約500ml）

洋梨 -------------------- 500g（約2個）
オレンジ -------------------- 200g（1個）
グラニュー糖 ------280g（正味量の50%）
レモン果汁------------------- 1／2個分

PREPARACIÓN 作り方

1. 洋梨は皮をむいて芯と種を取り、2cm角に切る。オレンジは洗い、皮付きのまま4等分のくし形に切る。あれば種を取り、薄皮ごと薄切りにする。両方の果肉の重さを量り、その半量の重さのグラニュー糖を用意する。

2. ボウルに1.とレモン果汁を入れて混ぜ、1〜2時間置く。

3. 果肉から出た水分ごと鍋に入れて中火にかけ、沸騰したらアクを丁寧に取る。弱めの中火でときどき混ぜ、好みの大きさに木ベラで潰しながら20〜25分煮る。

4. 熱いうちに煮沸消毒した清潔な瓶に詰める。

CONSEJOS ◎冷蔵庫で2週間保存可能。さらに長期保存する場合は、012ページを参照。

Tarta de pera
洋梨のタルト

INGREDIENTES 材料（直径17.5cmのタルト型・1台分）

［タルト生地］
薄力粉 ---------------------- 180g
バター（無塩）------ 70g（室温に戻す）
粉砂糖 ---------------------- 70g
卵 -------------------------- 1個
［フィリング］
バター（無塩）------ 25g（室温に戻す）
グラニュー糖 ---------------- 20g
卵 -------------- 2個（室温に戻す）
アーモンドパウダー ------------ 60g
洋梨とローズマリーのジャム（⟶ *Page.* 175）
----------------------------大さじ5
ローズマリー ----------------- 1本

PREPARACIÓN 作り方

1. タルト生地を作る。薄力粉はふるう。ボウルにバターと粉砂糖を入れてゴムベラで混ぜ、溶いた卵を加えて混ぜる。薄力粉を加えてさらに混ぜ、生地をまとめてラップで包んで冷蔵庫で30分休ませる。

2. オーブンを170℃に温める。

3 冷蔵庫から生地を取り出して麺棒で型よりひと回り大きくのばし、型に敷き詰める。底にフォークで穴をあけ、オーブンシートをのせて重石を敷き詰める。温めたオーブンで15分焼く。焼き目がついたら取り出し、オーブンシートと重石を外して冷ます。

4. フィリングを作る。ボウルにバターを入れてゴムベラで練り、残りの材料を加えて混ぜる。

5. 3.のタルト生地にフィリングを敷き詰め、温めたオーブンで30分焼く。粗熱が取れたらジャムを全体に塗り、ローズマリーをのせる。

秋
の
保
存
食

2

洋
梨

Peras en almíbar

Compota de pera

Compota de pera
洋梨のコンポート

INGREDIENTES 材料
（作りやすい分量／でき上がり約400ml）

洋梨 -------------------- 500g（約2個）
グラニュー糖 ------- 55g（正味量の14％）
レモン果汁-------------------- 1／2個分

PREPARACIÓN 作り方

1. 洋梨は皮をむいて芯と種を取り、2cm角に切る。果肉の重さを量り、その14％の重さのグラニュー糖を用意する。

2. 鍋に洋梨、レモン果汁、水1／4カップを入れ、蓋をして弱めの中火にかける。

3. 洋梨がやわらかくなったらグラニュー糖を加えて混ぜ、10～15分煮る。

4. 熱いうちに煮沸消毒した清潔な瓶に詰める。

CONSEJOS ◎洋梨の熟度で水分量を加減してください。水分が少なくなってもまだかたいようなら、水を足してやわらかくなるまで煮ます。◎冷蔵庫で2～3日間、冷凍庫で1か月保存可能。冷凍する場合は、保存容器または冷凍用保存袋に入れ、食べる際は冷蔵庫で解凍してください。さらに長期保存する場合は、012ページを参照して真空状態になっていれば冷蔵庫で6か月保存可能。

Peras en almíbar
洋梨のシロップ漬け

INGREDIENTES 材料
（作りやすい分量／でき上がり約800ml）

洋梨 ------------------ 800g（約小4個）
グラニュー糖 --------------------- 300g
レモン果汁---------------------- 1個分

PREPARACIÓN 作り方

1. 大きめの鍋を用意し、水3と3／4カップ、グラニュー糖、レモン果汁を入れ、中火にかける。沸騰したら火を止め、木ベラで混ぜてグラニュー糖を溶かす。

2. 洋梨は芯をつけたまま半分に切る。皮をむいて芯をスプーンでくり抜き、切ったものからすぐに1.の鍋に入れる。

3. 弱火にかけて15分ほど煮る。

4. 熱いうちに煮沸消毒した清潔な瓶に洋梨を入れ、洋梨が被るようにシロップをひたひたに注ぐ（瓶の上部は2cmほどあけておく）。

CONSEJOS ◎小さな洋梨は芯を残して丸ごとシロップ漬けにします。修道院によって作り方はさまざまですが、ここではシロップを作り、一緒に煮る作り方を紹介します。シナモンスティックを入れるレシピも多いです。◎冷蔵庫で5日間保存可能。さらに長期保存する場合は、012ページを参照して真空状態になっていれば冷蔵庫で6か月保存可能。

Mousse de pera
洋梨のムース

INGREDIENTES 材料（容量100mlのプリン型・4個分）

洋梨のシロップ漬け（——» Page. 179）----------- 2個
洋梨のシロップ漬けのシロップ* ------ 1/2カップ
生クリーム --------------------------1カップ
粉ゼラチン----------------------------6g
ミントの葉-----------------------------1本
＊足りなければ水とグラニュー糖を足す。

PREPARACIÓN 作り方

1. 板ゼラチンはたっぷりの水に浸してふやかす。

2. 洋梨のシロップを60℃程度に温め、水気を絞った板ゼラチンを加えて溶かして粗熱を取る。

3. ボウルに生クリームを入れて泡立て器でとろりとするまで6分立てに泡立てる。1/4量を2.に加えて混ぜ、残りを加えてさらに混ぜる。

4. 型に注ぎ、冷蔵庫で4時間冷やしかためる。

5. 4.を型から皿に出し、洋梨を添える。シロップをかけ、ミントの葉を飾る。

CONSEJOS ◎取り出しにくいときは、型とムースの隙間に1か所竹串を刺して空気を入れてから皿を被せてひっくり返し、上下に強くふるときれいに外せます。

Sauté de pera
洋梨のオリーブオイルソテー

INGREDIENTES 材料（4人分）

洋梨 ------------------------- 4個
オリーブオイル --------------- 大さじ1
シナモンパウダー -------------- 適量

PREPARACIÓN 作り方

1. 洋梨は4〜6等分のくし形に切り、皮を
   むいて芯と種を取る。
2. フライパンにオリーブオイルを弱火で熱
   し、洋梨をこんがりと焼く。
3. 皿に盛り、シナモンパウダーをふる。

CONSEJOS ◎善き羊飼いの修道院では洋梨を
オーブンで焼いたり、フライパンでオリーブオイルや
バターで炒めてデザートにするそうです。生とは違う
食感と甘味が味わえます。大きめに切り、あまり動か
さないでこんがりと焼くのがコツです。

Crema de pera al horno
洋梨の生クリームオーブン焼き

INGREDIENTES 材料（4人分）

洋梨 ------------------------- 2個
生クリーム ------------------- 1カップ
白ワイン（甘口）-------------- 大さじ1
グラニュー糖 ----------------- 大さじ2

PREPARACIÓN 作り方

1. 洋梨は縦半分にきり、皮をむいて芯と
   種を取る。
2. オーブンを200℃に温める。
3. 耐熱容器に洋梨を並べ、白ワインをかけ
   て温めたオーブンに入れて10分焼く。
4. オーブンから取り出して生クリームをか
   け、グラニュー糖をまんべんなくふる。
   再びオーブンに入れて20〜25分焼く。

MEMBRILLO

〔マルメロ〕

名前はその芳醇な香りからか「はちみつりんご」を意味するギリシャ語に由来しているとか。
ところが果実はかたく、酸味が強いことから古くからジャムにしていました。
ジャムが最初に作られた果物でもあり、「マーマレード」という言葉は
ポルトガル語の「marmelo(マルメロ)」が起源だといわれています。

Jalea de membrillo

マルメロのジュレジャム

INGREDIENTES 材料
(作りやすい分量/でき上がり約400ml)

マルメロ ----------------- 700g(約2個)
グラニュー糖 -------- 100g(果汁の70%)
レモン果汁-------------------- 1/4個分

PREPARACIÓN 作り方

1. マルメロはよく洗い、綿毛を落とす。皮付きのまま6等分のくし形切りにする。

2. 鍋に1.を入れ、マルメロより1cmほど多めに水を加える。中火にかけ、沸騰したら弱火でやわらかくなるまで30分煮る。

3. ボウルより大きめのザルを重ねて清潔なガーゼを敷き、2.を少しずつ静かに入れる。自然に果汁が落ちるようにそのまま3〜4時間置く。果汁が出なくなったら、ボウルに溜まった果汁の重量を量り、その70%の重さのグラニュー糖を用意する。

4. 鍋に3.とレモン果汁を入れて弱火にかける。ときどきアクを取りながらやさしく混ぜ、35〜40分煮る。1/3量程度になり、とろりと重くなってきたら火を止めて粗熱を取る。

5. 煮沸消毒した清潔な瓶に詰める。

CONSEJOS ◎ゆっくりと濾すのが透明のジュレジャムを作るポイントです。◎ジャムやドゥルセ(P.184参照)で残った皮や芯は取り置き、このレシピに加えるとより風味が上がります。また残った果肉でジャムやドゥルセが作れます。◎バニラ、シナモン、クローブ、黒粒こしょうなどを入れると変化を楽しめます。◎冷蔵庫で2週間保存可能。さらに長期保存する場合は、012ページを参照。

Mermelada de membrillo

マルメロのジャム

INGREDIENTES 材料
(作りやすい分量/でき上がり約500ml)

マルメロ ----------------- 700g(約2個)
グラニュー糖 ------250g(正味量の50%)
レモン果汁-------------------- 1/2個分

PREPARACIÓN 作り方

1. 鍋にたっぷりの水を入れて中火で熱し、沸騰したらマルメロを10分煮る。鍋から取り出し、粗熱を取る。

2. 皮をむいて芯と種を取り、厚めのいちょう切りにする。果肉の重さを量り、その半量の重さのグラニュー糖を用意する。

3. 鍋に2.、レモン果汁、水1カップを入れて混ぜる。中火にかけ、沸騰したらアクを丁寧に取る。弱めの中火でときどき混ぜながらとろりとするまで20〜25分に詰める。

4. ブレンダーまたはミキサーでなめらかになるまで撹拌し、煮沸消毒した清潔な瓶に詰める。

CONSEJOS ◎シナモン、クローブ、スターアニスなどのスパイスを入れることもよくあります。◎冷蔵庫で2週間保存可能。さらに長期保存する場合は、012ページを参照。

Jalea
de membrillo

Mermelada
de membrillo

Dulce de membrillo

ドゥルセ・デ・メンブリージョ
（マルメロの固形ジャム）

INGREDIENTES 材料（容量700mlの容器・1個分）

マルメロ ----------------- 700g（約2個）
グラニュー糖 ------400g（正味量の80％）
レモン果汁-----------------------大さじ1

PREPARACIÓN 作り方

1. マルメロはよく洗い、綿毛を落とす。皮を
   むいて芯と種を取り、1〜1.5cm厚さのい
   ちょう切りにする。皮、芯と種は取り置く。

2. 果肉の重さを量り、その80％の重さのグラ
   ニュー糖を用意する。

3. 鍋に果肉、水2カップ、皮、芯と種を入れて
   中火にかける。沸騰したら蓋をし、弱火で
   透き通ってやわらかくなるまで煮る。

4. ミキサーまたはブレンダーでピューレ状に
   撹拌する。

5. 鍋に4.、グラニュー糖、レモン果汁を入れ
   て中火にかけ、焦げないように混ぜ続け
   ながら40〜45分煮詰める。

6. 色がより濃くなり、鍋から離れる程度まで
   煮詰まったら、ラップを敷いた耐熱容器に
   入れる。粗熱を取り、冷蔵庫で保存する。

CONSEJOS ◎1か月ほど経ってからのほうがおいしい
といわれています。ドゥルセ・デ・マンサーナ（→ Page. 172）
と同様、バスクでは名産の羊のチーズ、イディアサバルと

くるみを一緒に食べるのが定番です。◎スペイン
では室温で長く常備していることが多いですが、湿
気がある日本では冷蔵庫保存がおすすめです。◎
グラニュー糖の量は70％以上または同量のところ
が多いですが、ここでは正味量の80％としていま
す。好みで加減してください。◎形に決まりはない
ので、家にある容器を使ってください。◎冷蔵庫で
1年間保存可能。長く保存する場合はラップをしてから保存
容器に入れます。また小分けにしておくと使いやすいです。

Bombones de membrillo

パート・ド・フリュイ

INGREDIENTES 材料（作りやすい分量）

ドゥルセ・デ・メンブリージョ
（マルメロの固形ジャム） ----------- 200g
グラニュー糖----------------------- 150g

PREPARACIÓN 作り方

1. ドゥルセ・デ・メンブリージョは3×3×高さ
   2cmに切る。

2. バットにグラニュー糖を入れ、1.を転がし
   ながらまぶす。

UVA

〔ぶどう〕

サンタ・マリア修道院はワイン作りで余ったおいしいぶどうをおすそ分けでいただくそう。
それもそのはず。修道院は世界的にもワインで名高いリオハ・アラベサの地域にあるのです。
甘味と酸味が濃縮された香り高いジャムができ上がるそうです。

Mermelada
de uva

Mermelada
de uva y kiwi

Pasas de uva

Mermelada de uva

ぶどうのジャム

INGREDIENTES 材料
（作りやすい分量／でき上がり約400ml）

種なしぶどう（巨峰など）--- 600g（約2房）
グラニュー糖 ------ 220g（正味量の50%）
レモン果汁-------------------- 1/2個分

PREPARACIÓN 作り方

1. ぶどうを房から外して洗う。水気をペーパータオルでしっかりふく。重さを量り、その半量の重さのグラニュー糖を用意する。

2. ボウルに1.とレモン果汁を入れて混ぜ、1時間置く。

3. ぶどうから出た水分ごと鍋に入れ、中火にかけ、沸騰したらアクを丁寧に取る。弱めの中火でときどき混ぜながら煮る。皮がむけたらザルで濾し、皮を取る。

4. 鍋に戻し入れ、弱火でとろりとするまでさらに20〜30分煮る。

5. 熱いうちに煮沸消毒した清潔な瓶に詰める。

CONSEJOS ◎冷蔵庫で2週間保存可能。さらに長期保存する場合は、012ページを参照。

Mermelada de uva y kiwi

ぶどうとキウイフルーツのジャム

INGREDIENTES 材料
（作りやすい分量／でき上がり約300ml）

ぶどう（種なし）--------- 300g（約大1房）
キウイフルーツ ------------ 260g（約2個）
グラニュー糖 ------ 180g（正味量の50%）
レモン果汁-------------------- 1/2個分

PREPARACIÓN 作り方

1. ぶどうを房から外して洗い、皮をむく。キウイフルーツはヘタを切り落として皮をむき、2cm角に切る。両方の果肉の重さを量り、その半量の重さのグラニュー糖を用意する。

2. ボウルに1.とレモン果汁を入れて混ぜ、1時間置く。

3. 果物から出た水分ごと鍋に入れて中火にかけ、沸騰したらアクを丁寧に取る。弱めの中火でときどき混ぜながらとろりとするまで20〜30分煮る。

4. 熱いうちに煮沸消毒した清潔な瓶に詰める。

CONSEJOS ◎冷蔵庫で2週間保存可能。さらに長期保存する場合は、012ページを参照。

Pasas de uva

レーズン

INGREDIENTES 材料（作りやすい分量）

ぶどう（種なし）-------------------- 適量

PREPARACIÓN 作り方

1. ぶどうは丁寧に洗ってしっかり水気をふき、清潔な乾いたフキンの上でよく乾かす。

2. ハサミで枝を切り、小房に分ける。

3. 木箱にオーブンシート敷き、その上にぶどうを並べ、麻または綿の布をかける。

4. 直射日光に当たる風通しのよい場所に置く。3日後、毎日位置をずらしたり、裏返したりしながら10〜15日置く。

5. 清潔な瓶に入れて保存する。

CONSEJOS ◎天日干しはぶどうの水分が徐々に抜け、本来の風味を残しながら乾燥させる古代ギリシャやローマ時代にすでにあったという保存方法です。食物繊維やビタミンなどの栄養と甘味が凝縮されます。◎湿気のない穏やかな気温の秋が適しています。◎急な雨のときはビニールをかけます。◎虫とほこりが入らないようにするのがいちばん肝心なので、布できちんと覆ってください。◎煮沸消毒した清潔な瓶に入れ、冷暗所で6か月保存可能。

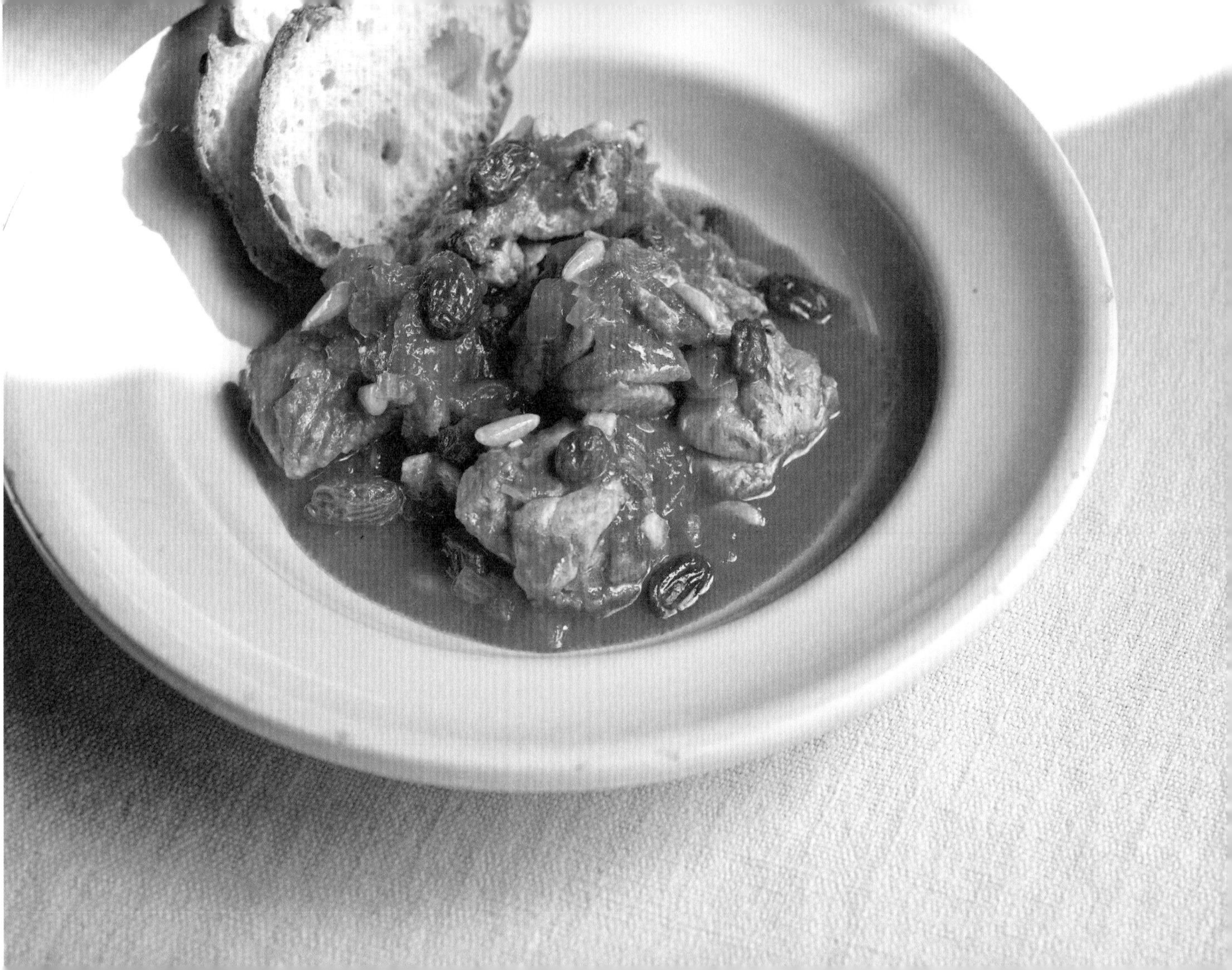

Guiso de pollo
con pasas y piñones

鶏肉とレーズンの煮込み

INGREDIENTES 材料(4人分)

鶏もも肉 ----------------- 2枚(約400g)
玉ねぎ ------------------------ 1/2個
にんにく ------------------------- 1片
トマトの瓶詰め(—→ *Page.104*) ------- 200g
レーズン(—→ *Page.187*) -------------- 20g
松の実 ------------------------- 20g
白ワイン -------------------大さじ2
オリーブオイル ------------------大さじ1
塩、こしょう--------------------- 各適量

PREPARACIÓN 作り方

1. 鶏肉はひと口大に切り、塩とこしょうをふ
   る。玉ねぎは繊維を断ち切るように薄切り
   にする。にんにくは薄切りにする。

2. フライパンにオリーブオイルを中火で熱し、
   鶏肉の両面を香ばしく焼いて取り出す。

3. 足りないようならオリーブオイル適量(分量
   外)を足し、弱めの中火で玉ねぎとにんに
   くを炒める。

4. 玉ねぎがしんなりしたら、鶏肉を戻して
   白ワインを加えて煮詰める。さらに水気を
   きったトマト、レーズン、松の実を加え、沸
   騰したら蓋をして20分煮る。

CONSEJOS ◎バレンシア生まれのサン・ファン修道院
のマザー・ヴィルヒニアから教えていただいた地中海地
方の家庭料理です。

Manjar de monjas

マンハールブランコ

INGREDIENTES 材料(容量120mlの容器・6個分)

アーモンドミルク(または牛乳) ----- 4カップ
レモンの皮 -------------------- 1/4個分
シナモンスティック ----------------- 1本
グラニュー糖 ---------------------- 60g
コーンスターチ -------------------- 40g
ぶどうのジャム(—→ *Page.187*) ------大さじ4

PREPARACIÓN 作り方

1. 鍋にアーモンドミルク半量、レモンの皮、シ
   ナモンスティック、グラニュー糖を入れて中
   火にかけ、沸騰寸前で火を止める。

2. ボウルに残りのアーモンドミルクとコーンス
   ターチを入れてよく混ぜる。

3. 2.に1.を濾しながら加える。泡立て器で混
   ぜ、鍋に戻して弱火にかけ、とろりとするま
   で混ぜながら煮る。

4. 容器に入れて冷蔵庫で冷やしかため、
   ジャムをのせる。

CAQUI
〔柿〕

11月1日の諸聖人の日の頃に熟すことから、
「聖なる木」とも呼ばれている柿。
おもに日本の品種が「CAQUI(カキ)」と
そのまま呼ばれ、親しまれています。
上部を切り落とし、熟したものをスプーンで
すくって食べることが多いです。
善き羊飼いの修道院にも立派な柿の木があり、
収穫した柿はお菓子にしたり、
ジュースにして楽しむそうです。

Mermelada de caqui
柿のジャム

INGREDIENTES 材料
(作りやすい分量/でき上がり約450ml)

柿(完熟) --------------- 600g(約3個)
グラニュー糖 ------270g(正味量の50%)
レモン果汁-------------------- 1/4個分

PREPARACIÓN 作り方

1. 柿は半分に切って種を取り、スプーンで果肉をすくう。果肉の重さを量り、その半量の重さのグラニュー糖を用意する。

2. ボウルに1.とレモン果汁を入れて混ぜ、6時間置く。

3. 柿から出た水分ごと鍋に入れて中火にかけ、沸騰したらアクを丁寧に取る。弱めの中火でときどき混ぜながらとろりとするまで20〜25分煮る。

4. 熱いうちに煮沸消毒した清潔な瓶に詰める。

CONSEJOS ◎冷蔵庫で2週間保存可能。さらに長期保存する場合は、012ページを参照。

Compota de caqui
柿のコンポート

INGREDIENTES 材料
(作りやすい分量/でき上がり約400ml)

柿(熟し始めたもの) ------ 500g(約3個)
グラニュー糖 ------- 75g(正味量の14%)
スターアニス ------------------------ 1個

PREPARACIÓN 作り方

1. 柿は皮をむいて種を取り、2cm角に切る。

2. 果肉の重さを量り、その14%の重さのグラニュー糖を用意する。

3. 鍋に1.、スターアニス、水1/4カップを加え、蓋をして弱めの中火にかける。

4. 柿がやわらかくなったらグラニュー糖を加える。ときどき混ぜながら10〜15分煮て、火を止めてそのまま粗熱を取る。

5. 煮沸消毒した清潔な瓶に詰める。

CONSEJOS ◎黒粒こしょう、ブランデーやオレンジを加えてもおいしいです。◎柿の熟度で水分量を加減してください。水分が少なくなってもまだかたいようなら、水を足してやわらかくなるまで煮ます。◎冷蔵庫で2〜3日間、冷凍庫で1か月保存可能。冷凍する場合は、保存容器または冷凍用保存袋に入れ、食べる際は冷蔵庫で解凍してください。◎さらに長期保存する場合は、012ページを参照して真空状態になっていれば冷蔵庫で6か月保存可能。

Mermelada
de caqui

Compota de caqui

Zumo de naranja
con mermelada de caqui
柿のジャムとオレンジのジュース

INGREDIENTES 材料（1人分）

オレンジ果汁 -------------------------- 1個分
柿のジャム（──➤ *Page. 190*）--------------- 大さじ1

PREPARACIÓN 作り方

1. グラスにオレンジ果汁、水1／2カップ、ジャムを入れて混ぜる。
2. ジャムが沈澱しやすいので混ぜながら飲む。

Bizcocho de caqui
柿のビスコチョ

INGREDIENTES 材料（直径15cmの丸型・1台分）

柿のジャム（──➤ *Page. 190*）--------------- 大さじ3
薄力粉 ------------------------------- 100g
カカオパウダー ---------------------- 大さじ1
ベーキングパウダー -------------------- 小さじ1
卵（L）----------------------- 2個（室温に戻す）
プレーンヨーグルト（無糖）--------------- 70g
オリーブオイル ------------------------ 大さじ4
グラニュー糖 -------------------------- 80g
［ホイップクリーム］
　　生クリーム -------------------- 1／2カップ
　　グラニュー糖--------------------- 小さじ2

PREPARACIÓN 作り方

1. 型の底と側面にオーブンシートを敷く。薄力粉、カカオパウダー、ベーキングパウダーは合わせてふるう。オーブンを180℃に温める。

2. ボウルに卵を入れてよく溶き、ヨーグルトとオリーブオイルを加えて泡立て器で混ぜる。グラニュー糖を加えてさらに混ぜる。ゴムベラに持ち替え、ふるった粉類を少しずつ加えてさらに柿のジャムを加えてさらに混ぜる。

3. 型に生地を流し、温めたオーブンで15分焼き、温度を170℃に下げてさらに15分焼く。

4. オーブンから取り出し、そのまま粗熱を取る。

5. 型から取り出してラップで包み、半日休ませる。

6. ホイップクリームを作る。ボウルに生クリームとグラニュー糖を入れ、軽くツノが立つ程度に8分立てに泡立てる。

7. ケーキを好みの大きさに切り、ホイップクリームを添える。

NUEZ
〔くるみ〕

「この木箱がまだ8個もあるのよ!」と
保存しているくるみを見せてくださいました。
サン・ファン修道院の庭の樹齢100年以上の
くるみの木から毎年たくさん採れるそう。
初秋に外果皮が開き、地面に落ちたものを
3〜4日太陽の下に広げて乾燥させます。
とても長い間保存できるので、
次の秋まで料理やお菓子に少しずつ使います。

Licor de nuez
くるみのリキュール漬け

INGREDIENTES 材料(作りやすい分量/でき上がり約600ml)
くるみ(無塩・ロースト) ------ 100g(正味)
シナモンスティック ------------------ 1本
クローブ --------------------------- 4本
蒸留酒(35度以上のウォッカ、ジン、
ラムなど) ----------------- 2と1/2カップ
グラニュー糖 --------------------- 80g

PREPARACIÓN 作り方

1. くるみはあれば渋皮を外し、大きければ2
～3等分に砕く。

2. グラニュー糖以外の材料を煮沸消毒した
清潔な瓶に入れる。蓋をして直射日光と高
温を避けて冷暗所に1か月置く。

3. ボウルの上にザル、清潔なガーゼを重ね、
2.を濾す。清潔な瓶に移し、グラニュー糖
を加える。

4. グラニュー糖が溶けるようにときどき瓶を
ふって混ぜ、さらに15日置く。

5. 再度同様に濾し、清潔な瓶に移す。

CONSEJOS ◎食前酒としてそのまま飲んだり、牛乳で
割って飲んでもおいしいです。◎濾したくるみはそのま
まおいしくいただけます。◎冷暗所で3か月保存可能。

Intxaursaltsa
くるみのクリーム

INGREDIENTES 材料(4人分)
くるみ(無塩・ロースト) ---------- 120g
牛乳 ------------------ 1と1/2カップ
生クリーム ------------ 1と1/2カップ
グラニュー糖 --------------------80g
シナモンスティック -------------- 1本

PREPARACIÓN 作り方

1. くるみはあれば渋皮を外す。30gは粗
めに砕き、残りはフードプロセッサーで
粉末状にする。

2. 鍋に1.と残りの材料を入れて弱火にか
ける。とろりとするまで木ベラで混ぜな
がら10分煮る。

Bizcocho de nueces
くるみのパウンドケーキ

INGREDIENTES 材料
(17×8×高さ6cmのパウンド型・1台分)
くるみ(無塩・ロースト) -----------75g
薄力粉 ---------------------- 100g

ベーキングパウダー -------- 小さじ1/2
塩 ------------------------------ 少々
バター(無塩) ---- 100g(室温に戻す)
グラニュー糖 ------------------ 120g
卵 ---------------- 2個(室温に戻す)
ラム酒 ------------------- 1/4カップ

PREPARACIÓN 作り方

1. くるみはあれば渋皮を外し、フライパン
で2～3分弱めの中火で空炒りする。粗
熱が取れたらざく切りにする。

2. 型にオーブンシートを敷く。薄力粉、
ベーキングパウダー、塩は合わせてふ
るう。オーブンを180℃に温める。

3. ボウルにバターを入れて木ベラで練り、
グラニュー糖を加えて混ぜる。

4. グラニュー糖が溶けて白っぽくなって
きたら、卵を1個ずつ加えて泡立て器
で混ぜる。

5. ふるった粉類を少しずつ4.に加えて混
ぜる。ラム酒も少しずつ加えながらさら
に混ぜ、くるみを加えて軽く混ぜる。

6. 型に生地を流し、温めたオーブンで10
分、温度を170℃に下げてさらに20～
25分焼く。

CASTAÑA

〔栗〕

その昔バスク地方では砂糖が一般化するまで、
焼き栗や茹で栗が日頃のデザートでした。
この時期、栗の収穫を祝う祭りもあり、
歴史の深い食材です。
栗の木がない修道院でも、
秋になるといただくことも多く、
シロップ漬けにして少しずつ楽しみます。

Castañas en almíbar
栗のシロップ漬け

INGREDIENTES 材料
（作りやすい分量／でき上がり約500ml）

栗 --------------------- 500g（約15個）
グラニュー糖 --------------------- 380g
シナモンスティック ------------------ 1本
レモンの皮 ------------------- 1/4個分

PREPARACIÓN 作り方

1. 栗は鍋に入れ、たっぷりの水を加えて中火にかける。沸騰したら弱火30分茹でる。火を止め、そのまま粗熱を取る。粗熱が取れたら鬼皮と渋皮をむく。

2. 鍋に水2カップ、グラニュー糖、シナモンスティック、レモンの皮を入れて混ぜ、中火にかける。沸騰したら弱火でとろりとするまで15分煮る。

3. 2.に栗を加えて15分煮る。

4. 熱いうちに煮沸消毒した清潔な瓶に3.をシロップごと詰める。栗が被るように瓶の上部は2cmほどあけてシロップをひたひたに注ぐ。

CONSEJOS ◎栗の香りが移ったシロップは熱湯やホットミルクで割って楽しんでください。◎栗は少しかために茹でます。◎栗の皮をむくときは鍋からひとつずつ取りながらむくと、皮がまだ湿っていてむきやすいです。◎冷蔵庫で5日間保存可能。さらに長期保存する場合は、012ページを参照して真空状態になっていれば冷蔵庫で6か月保存可能。

Mermelada de castañas
栗のジャム

INGREDIENTES 材料
（作りやすい分量／でき上がり約500ml）

栗 --------------------- 1kg（約30個）
グラニュー糖 ------300g（正味量の40％）

PREPARACIÓN 作り方

1. 栗は鍋に入れ、たっぷりの水を加えて中火にかける。沸騰したら弱火で40分茹でる。火を止め、そのまま粗熱を取る。粗熱が取れたら半分に切り、小さなスプーンで果肉をくり抜く。

2. 果肉の重さを量り、その40％の重さのグラニュー糖を用意する。

3. 1.と水1カップをブレンダーまたはミキサーでピューレ状に撹拌する。

4. 鍋に水2カップとグラニュー糖を入れて混ぜ、中火にかける。沸騰したら弱火で15分煮る。

5. 栗を加えて混ぜ、20〜25分煮る。ペーストが飛ぶので火傷に注意する。

6. 熱いうちに煮沸消毒した清潔な瓶に詰める。

CONSEJOS ◎スペインでは、栗と相性のよいブラウンシュガーを使うことが多いです。和栗は和三盆がよく合います。和栗でも種類によって味やかたさ、水分量が違うのでグラニュー糖や水の割合を調整してください。◎好みでブランデー、ラム酒、アニス酒などを加えて5分ほど煮ると風味がよいです。◎冷蔵庫で2週間保存可能。さらに長期保存する場合は、012ページを参照。

Castañas
en almíbar

Mermelada
de castañas

Tronco de Navidad

ブッシュ・ド・ノエル

INGREDIENTES 材料(30cm×32cmの天板・1枚分)

栗のシロップ漬け(⟶ Page. 196) -------- 8個
［スポンジ生地］
　　薄力粉----------------- 50g(ふるう)
　　卵 ---------------- 2個(室温に戻す)
　　グラニュー糖------------------- 60g
［ホイップクリーム］
　　生クリーム ------------- 1と1/2カップ
　　グラニュー糖------------------大さじ6
ココアパウダー -------------------- 適量
ローズマリー ----------------------少々

PREPARACIÓN 作り方

1. 天板にひと回り大きいオーブンシートを敷き、角を折り立てる。栗4個はフィリング用に粗みじんに切る。オーブンを180℃に温める。

2. スポンジ生地を作る。ボウルに卵とグラニュー糖を入れ、もったりとするまでハンドミキサーで混ぜる。薄力粉を少しずつ加えてさらに混ぜる。

3. 天板の上のオーブンシートに生地を流し入れ、カードで表面を平らにならす。

4. 温めたオーブンに入れ、焼き目がつくまで10分焼く。

5. オーブンから生地を取り出し、台に移してフキンを被せ、フキンごと裏返してオーブンシートをそっとはがす。はがしたオーブンシートをのせたまま粗熱を取る。

6. ホイップクリームを作る。ボウルに生クリームとグラニュー糖を入れ、軽くツノが立つ程度に8分立てに泡立てる。

7. 焼き色がついた面を上にし、全体にホイップクリーム半量を塗り広げ、粗みじんに切った栗をまんべんなくのせてくるりと巻く。

8. 巻き終わりを下にしてラップで包み、冷蔵庫で1時間休ませる。残りのホイップクリームもラップをして冷蔵庫に入れる。

9. 冷蔵庫から取り出してケーキを皿にのせ、残りのホイップクリームをパレットナイフで全体に塗る。フォークの背で筋をつけ、ココアパウダーをふる。残りの栗の水気をふき、ローズマリーとともに飾る。

Castañas con leche
栗ミルク

INGREDIENTES 材料（4人分）

栗のシロップ漬け（──» Page. 196）------- 8個
牛乳 --------------------------- 2カップ
はちみつ（または栗のシロップ漬けのシロップ）
-----------------------------大さじ2
シナモンスティック ------------------ 1本

PREPARACIÓN 作り方

1. 鍋に牛乳とはちみつを入れて中火にか
   け、木ベラで混ぜる。

2. はちみつが溶けたら、シナモンスティックと
   栗を加える。少しふつふつしてきたら、弱火
   で6〜8分煮る。

Castañas con setas
栗ときのこのソテー

INGREDIENTES 材料(4人分)

栗のシロップ漬け(—» *Page.* 196) ----- 4個
ベーコン(ブロック) --------------- 50g
きのこ(マッシュルーム、しめじ、
ヒラタケなどを合わせて) ------- 300g
にんにく ----------------------- 1片
オリーブオイル --------------- 大さじ1
塩、こしょう ------------------- 各適量

PREPARACIÓN 作り方

1. きのこはあれば石づきを切り落とし、食べやすい大きさに切るか、裂く。にんにくは薄切りにする。ベーコンは2cm角に切る。

2. フライパンにオリーブオイルを中火で熱し、ベーコンとにんにくを炒める。ベーコンがこんがりしたら、きのこを加えてしんなりするまでさらに炒める。

3. 水気をきった栗を加えて混ぜ、塩とこしょうで味を調える。

Flan de castañas
栗のプリン

INGREDIENTES 材料(4人分)

栗 -------------------------- 250g
牛乳 --------------------- 2カップ
グラニュー糖 ------------------- 50g
卵 ---------------- 2個(室温に戻す)
バター(無塩) ----------------- 50g
塩 --------------------- ひとつまみ

PREPARACIÓN 作り方

1. 栗は鍋に入れ、たっぷりの水と塩を加えて中火にかける。沸騰したら弱火にし、40分ほど茹でる。火を止め、そのまま粗熱を取る。

2. 栗を半分に切り、スプーンで果肉をくり抜く。

3. オーブンを180℃に温める。

4. 鍋に牛乳とグラニュー糖を入れて沸騰させる。グラニュー糖が溶けたら、2.とバターを加え、弱火で5分ほど煮て、ミキサーまたはブレンダーでクリーム状にする。溶いた卵を加え、さらに混ぜる。

5. ココットに流し入れ、温めたオーブンで10〜13分焼く。粗熱を取り、冷蔵庫で冷やす。

Guiso de garbanzo con castañas
栗とひよこ豆の煮込み

INGREDIENTES 材料(4人分)

栗 --------------------------- 6個
ひよこ豆 --------------------- 250g
長ねぎ ----------------------- 2本
にんにく ----------------------- 1片
ローリエ ----------------------- 2枚
オリーブオイル -------------- 大さじ1
塩、こしょう------------------各適量

PREPARACIÓN 作り方

1. ひよこ豆はさっと洗い、7時間たっぷりの水で戻して水気をきる。鍋に入れ、豆より3cmほど多めに水を注ぎ、中火にかける。沸騰したら蓋をして弱火で30分煮る。火を止め、そのまま10分蒸らす。

2. 栗は鍋に入れ、たっぷりの水を加えて中火にかける。沸騰したら弱火で40分茹でる。火を止め、そのまま粗熱を取る。粗熱が取れたら鬼皮と渋皮をむく。大きければ半分に切る。

3. 長ねぎは3cm長さに切る。にんにくはみじん切りにする。

4. フライパンにオリーブオイルを中火で熱し、長ねぎとにんにくを香りが立つまで炒める。

5. 1.の鍋に栗、4.、ローリエを加え、蓋をして弱火で20分煮る。塩とこしょうで味を調える。

CONSEJOS ◎栗は大きさによって煮る時間を加減してください。◎栗の皮をむくときは鍋からひとつずつ取りながらむくと、皮がまだ湿っていてむきやすいです。

PATATAS

〔じゃがいも〕

バスクのアラバ県はじゃがいもの名産地。
じゃがいもが大好きなバスクの人たちは
おいしいじゃがいもにも事欠きません。
修道院でもじゃがいもは大切な常備野菜。
瓶詰めや冷凍はせず、冷暗所で保管します。
ここでは修道女たちのお気に入りの
じゃがいも料理をを紹介します。

Patatas fritas

フライドポテト

INGREDIENTES 材料(4人分)

じゃがいも ------------------------------ 2個
揚げ油 ------------------------------ 適量
塩 ------------------------------ 適量
好みのハーブの粗みじん切り
(オレガノ、イタリアンパセリ、タイムなど)----- 少々

PREPARACIÓN 作り方

1. じゃがいもは皮をむき、1cm角のスティック状に
   切る。水に15分さらし、ペーパータオルで水気を
   しっかりふく。

2. 鍋または深めのフライパンにじゃがいもを入れ
   る。じゃがいもより2.5cmほど多めに油を注ぎ、
   中火にかける。ふつふつしてきたらじゃがいもを
   3分揚げて一度取り出す。

3. 揚げ油の温度を180℃に上げ、再度じゃがいも
   を戻し、こんがりとするまで二度揚げする。

4. 油をよくきって皿に盛り、塩とハーブをふる。

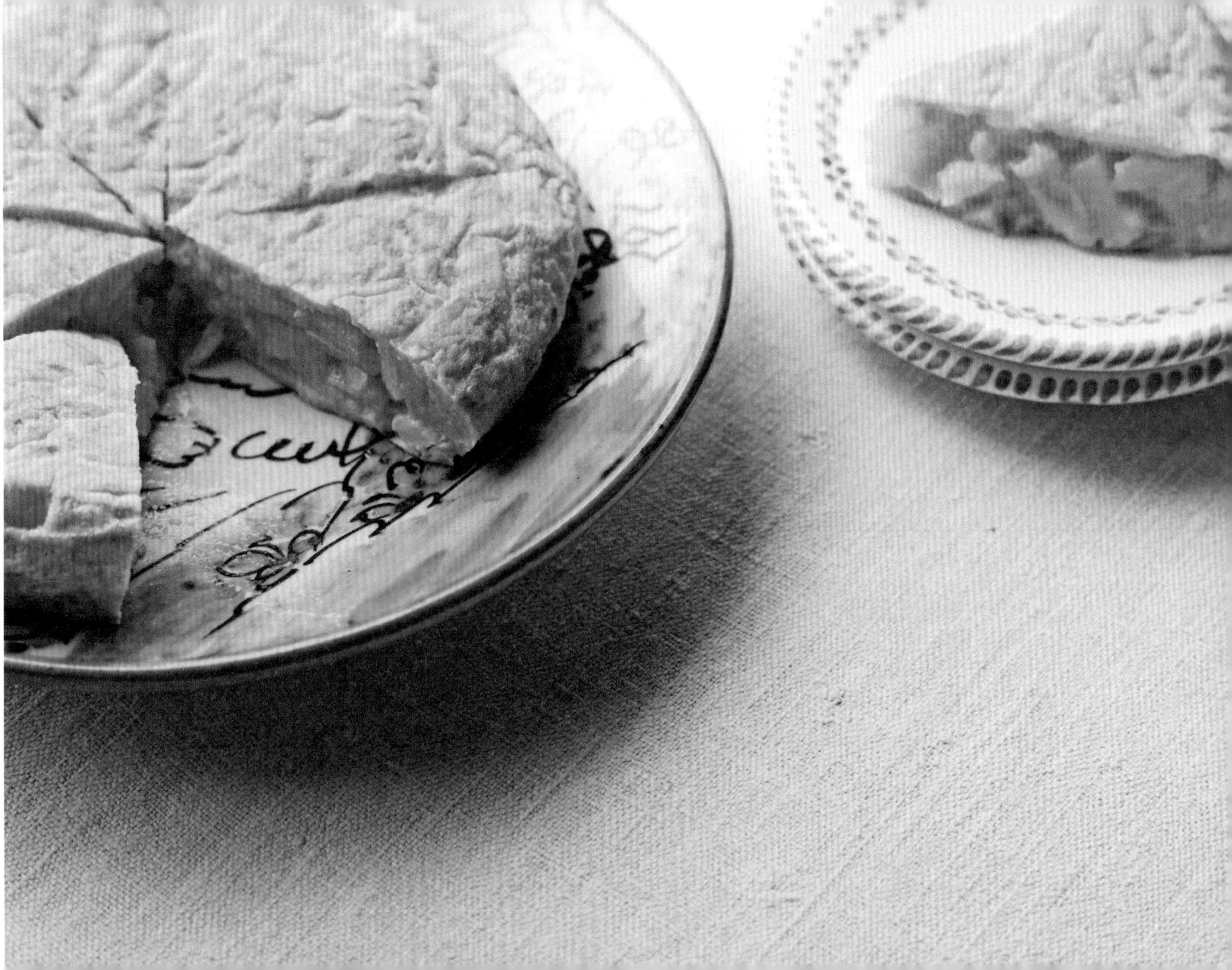

Tortilla Española
スペインオムレツ

INGREDIENTES 材料(4人分)

卵 ------------------------------- 5個
じゃがいも(男爵)---------------4〜5個
玉ねぎ ------------------------ 小1/4個
塩 ------------------- 小さじ1/2〜3/4
オリーブオイル -------------------- 適量

PREPARACIÓN 作り方

1. じゃがいもは皮をむき、5mm厚さのいちょう切りにする。玉ねぎは粗みじんに切る。

2. ボウルに卵を割り入れ、フォークでほぐして塩を加えてよく混ぜる。

3. 小さめのフライパンにじゃがいもを敷き詰める。オリーブオイルをじゃがいもより1cmほど少なめに油を注ぎ、中火にかける。ふつふつしてきたら弱めの中火で焦げないようにときどき混ぜながらゆっくり油煮にする。

4. じゃがいもが透き通ったら玉ねぎを加える。

5. じゃがいもが崩れる程度までやわらかくなったらザルに上げて油をきり、木ベラで軽く潰す。油は取り置く。

6. じゃがいもが温かいうちに2.の卵に加えて混ぜる。

7. 同じフライパンに必要であれば取り置いた油小さじ1を入れて中火で熱し、6.を流し入れる。木ベラで大きく2回ほど混ぜる。

8. 周りがかたまってきたら弱火にし、フライパンを揺すってみて、卵が動くようならひと回り大きい皿または平らな鍋蓋を被せて裏返し、焼き面を上にしてフライパンにすべらせるように戻し、木ベラで丸く形を整える。

9. 8.の手順で表裏を2回ずつ繰り返して焼き上げる。指で押してみて、ふるふるとした弾力が感じられれば完成。

CONSEJOS ◎焼き目はつけず、ゆっくりと卵に火を通すのがポイントです。

Patatas en salsa verde

じゃがいものグリーンソース

INGREDIENTES 材料(4人分)

じゃがいも ----------------------- 3個
玉ねぎ ------------------------- 1/4個
にんにく ------------------------- 1片
薄力粉 ---------------------------小さじ2
白ワイン --------------------------大さじ2
チキンスープ(または水) ---- 1と1/2カップ
オリーブオイル --------------------大さじ1
塩 --------------------------- 小さじ1/3
こしょう ----------------------------少々
イタリアンパセリのみじん切り------大さじ1

PREPARACIÓN 作り方

1. じゃがいもは皮をむいて5mm厚さに切る。玉ねぎとにんにくはみじん切りにする。

2. フライパンにオリーブオイルを弱火で熱し、玉ねぎとにんにくを炒める。玉ねぎがしんなりしたら、薄力粉を加えて粉気がなくなるまで混ぜる。

3. 白ワインとチキンスープを少しだけ入れ、ダマないならないように混ぜる。

4. 残りのチキンスープ、塩、こしょうを加えて混ぜる。沸騰したらじゃがいもを加え、弱火で蓋をしてじゃがいもがやわらかくなるまで5〜7分煮る。

5. 器に盛り、イタリアンパセリをふる。

Patatas rellenas

パタタス・レジェーナ

INGREDIENTES 材料(10個分)

合い挽き肉 --------------------- 150g
じゃがいも ---------------------2〜3個
玉ねぎ ------------------------- 1個
グリーンオリーブ(種なし) ----------- 6個
薄力粉 --------------------------- 適量
溶き卵------------------------- 1個分
オリーブオイル --------------------小さじ2
揚げ油 --------------------------- 適量
塩、こしょう --------------------- 各適量

PREPARACIÓN 作り方

1. 鍋に洗ったじゃがいもとたっぷりの水を入れる。中火にかけ、沸騰したら弱めの中火で15分茹でる。竹串がすっと通ったら取り出し、皮をむいてマッシャーで潰し、塩とこしょう各少々を加えて混ぜる。

2. 玉ねぎはみじん切りにし、グリーンオリーブは粗みじんに切る。

3. フライパンにオリーブオイルを中火で熱し、玉ねぎを炒める。透明になったら挽き肉を加えて炒める。肉の色が変わったらグリーンオリーブを加え、塩とこしょう各少々で味を調える。

4. 1.を10等分して丸め、手のひらで平たくのばして中央に3.を大さじ1のせて楕円形に包む。

5. 4.に薄力粉をまぶし、溶き卵を絡める。

6. 鍋に揚げ油を165〜170℃に温める。5.を揚げ、きつね色になったら取り出して油をきる。

Patatas alioli

アリオリ・ポテト

INGREDIENTES 材料(4人分)

じゃがいも ----------------------- 3個
にんにくのすりおろし -----------------少々
修道院のマヨネーズ(──➤ Page. 062)
--------------------------- 大さじ3〜4

PREPARACIÓN 作り方

1. じゃがいもは皮をむいてひと口大に切る。

2. 鍋に1.とたっぷりの水を入れ、中火にかける。沸騰したら弱めの中火で竹串がすっと通ったら湯を捨て、じゃがいもの水分を飛ばすように強火にかける。

3. 火を止め、にんにくとマヨネーズを加えて混ぜる。

CALABAZA
〔かぼちゃ〕

どこの修道院も「種を3つ蒔いただけなのに、
何十個もできた！」と悲鳴を上げていました。
種類もさまざまで、丸い緑色のものは
クリームスープやオーブン焼きに、
オレンジ色の長いものはポルサルダ（ねぎのスープ）や
チキンスープ、煮込みなどと、甘さや味で使い分けます。
冬まで保存し、そのあとはカットして冷凍します。

Calabaza congelada
冷凍かぼちゃ

INGREDIENTES 材料（作りやすい分量）

かぼちゃ ---------------------- 1.6kg（約1個）

PREPARACIÓN 作り方

1. かぼちゃは洗い、水気をふく。4等分のくし形に
   切って種とワタを取り、さらにひと口大に切る。

2. 冷凍用保存袋に入れ、空気が抜けるように平らに
   ならして封を閉じて冷凍庫に入れる。

CONSEJOS ◎調理するときは冷凍したまま使います。◎冷凍
庫で1か月保存可能。

INGREDIENTES 材料(4人分)

冷凍かぼちゃ	200g	チキンスープ	4カップ
キャベツ	100g	オリーブオイル	大さじ2
玉ねぎ	1/2個	塩、こしょう	各適量

PREPARACIÓN 作り方

1. キャベツは1cm幅に切り、玉ねぎは粗みじんに切る。

2. 鍋にオリーブオイルを中火で熱し、玉ねぎを炒める。しんなりしたらキャベツを加えて焦げないように5分炒め合わせる。

3. 凍ったままのかぼちゃを加えてさらにこんがりするまで炒め、チキンスープを加える。

4. 蓋をして弱火で10分煮て、塩とこしょうで味を調える。

Sopa de berza y calabaza
かぼちゃとキャベツのスープ

Potaje de alubias blancas con calabaza
かぼちゃと白いんげん豆の煮込み

INGREDIENTES 材料(4人分)

かぼちゃ ------------------------- 50g
白いんげん豆(大福豆) --------- 100g
長ねぎ -------------------------- 1本
にんにく -------------------------- 1片
オリーブオイル ----------------- 大さじ2
塩、こしょう --------------------- 各適量

PREPARACIÓN 作り方

1. 白いんげん豆はさっと洗い、たっぷりの水で皮のシワがなくなるまで8時間置く。

2. かぼちゃは種とワタを取り、3cm角に切る。長ねぎは小口切りにし、にんにくはみじん切りにする。

3. 鍋に水気をきった白いんげん豆を入れてひたひたに水を注ぎ、中火にかける。沸騰したら水1カップの差し水をする。再び沸騰したら同様に差し水をする。蓋をして弱火で豆がやわらかくなるまで30分煮る。

4. かぼちゃと長ねぎを加え、かぼちゃがやわらかくなるまで煮て、塩とこしょうで味を調える。

5. フライパンにオリーブオイルとにんにくを入れ、弱火で炒める。香りが立ったら4.に加えて混ぜる。

Calabaza con especias
茹でかぼちゃのハーブスパイス和え

INGREDIENTES 材料(4人分)

かぼちゃ -------------------------- 800g
a ┌ イタリアンパセリのみじん切り -- 大さじ1
　│ レモン果汁 ----------------- 大さじ1
　│ クミンパウダー --------- 小さじ1/2
　│ パプリカパウダー ------- 小さじ1/2
　│ オリーブオイル ------------- 大さじ2
　│ 塩 ------------------------ 小さじ1
　└ こしょう ---------------------- 少々

PREPARACIÓN 作り方

1. かぼちゃは種とワタを取り、3cmの角切りにする。a は混ぜ合わる。

2. 鍋にかぼちゃと被る程度の水を入れて中火にかける。沸騰したら弱火で8〜10分茹でる。

3. ザルに上げて水気をきり、ボウルに入れて a を加えて混ぜる。

Calabaza al horno con hierbas
かぼちゃとハーブのオーブン焼き

INGREDIENTES 材料(4人分)

かぼちゃ --------------------- 1/4個分
好みのハーブ(タイム、ローズマリー、
セージ、オレガノなど) ------------- 適量
オリーブオイル ---------------- 大さじ1
塩、こしょう -------------------- 各適量

PREPARACIÓN 作り方

1. オーブンを220℃に温める。

2. かぼちゃはワタと種を取り、5mm厚さの薄切りにする。

3. オーブンシートを敷いた天板にかぼちゃを並べる。オリーブオイルをかけ、塩とこしょうをふり、かぼちゃ全体に行き渡るように混ぜる。

4. ハーブをのせ、温めたオーブンで20〜30分焼く。

CONSEJOS ◎セージやオレガノを使う場合は、細かくちぎるか、包丁でみじん切りにするとよいでしょう。

Buñuelos de calabaza
かぼちゃのフリッター

INGREDIENTES 材料(20個分)

かぼちゃ ----------------- 200g(正味)
薄力粉 ------------------------100g
ベーキングパウダー ----------- 小さじ1
a ┌ 卵 ----------------------------2個
  │ レモンの皮のすりおろし ---- 1/4個分
  │ グラニュー糖 -------------- 大さじ3
  └ 塩 -------------------- ひとつまみ
揚げ油 --------------------- 適量
グラニュー糖 --------------- 適量

PREPARACIÓN 作り方

1. かぼちゃは種とワタを取り、皮をむく。3cm角に切り、たっぷりの水で煮崩れる程度まで12分茹でる。水気をきり、マッシャーまたはフォークで熱いうちに潰す。

2. ボウルにaを入れてよく混ぜる。

3. 2.に1.を加えて混ぜる。薄力粉とベーキングパウダーを少しずつ加えてゴムベラでしっかり混ぜる。

4. フライパンに揚げ油を170℃に温める。3.をスプーンで丸め、揚げ油に落としながら揚げる。

5. 油の上に浮き始め、きつね色になったら取り出して軽く油を切り、グラニュー糖をまぶす。

SEMILLAS DE CALABAZA

ドライかぼちゃの種

かたい白い皮をむくと、中から濃い緑色で、楕円の形をしたやわらかい種が出てきます。パンプキンシードの英語名でおなじみで、むき身で売られていることがほとんどです。かぼちゃの種類にもよりますが、白い皮はかたいのでキッチンバサミで周りをカットして種を取り出します。そのまま塩をまぶしてスナックや、スープのトッピングに。サン・ファン修道院ではグルテンフリーのケーキにのせていました。

INGREDIENTES 材料(作りやすい分量)

かぼちゃの種----------------適量

PREPARACIÓN 作り方

1. かぼちゃの種はひとつずつ、水の中でワタを洗い取る。

2. 水気をペーパータオルでよくふき、乾いたフキンの上に1日置いて乾燥させる。

3. 種の皮の周りをキッチンバサミで一周切り、中の緑色の身を取り出して食べる。

Mermelada de calabaza, manzana y naranja

かぼちゃとりんご、オレンジのジャム

INGREDIENTES 材料
（作りやすい分量／でき上がり約350ml）

かぼちゃ -------------- 300g（約1/8個）
りんご --------------- 150g（約1/2個）
オレンジ果汁 -------------------140ml
グラニュー糖 ------100g（正味量の30%）

PREPARACIÓN 作り方

1. かぼちゃは種とワタを取り、皮をむいて3cm角に切る。りんごは芯と種を取り、皮をむいて1.5cm角に切る。両方の果肉の重さを量り、その30%の重さのグラニュー糖を用意する。

2. 鍋に1.、オレンジ果汁、グラニュー糖を入れ、中火にかけて沸騰したらアクを丁寧に取る。弱火でときどき混ぜ、アクを取りながらとろりとするまで15～20分煮る。

3. 熱いうちに煮沸消毒した清潔な瓶に詰める。

CONSEJOS ◎ここでは全体のバランスを見て、修道院のレシピよりグラニュー糖の分量を減らしています。◎冷蔵庫で5日間保存可能。さらに長期保存する場合は、012ページを参照。

Mermelada de calabaza al anís

かぼちゃとスターアニスのジャム

INGREDIENTES 材料
（作りやすい分量／でき上がり約500ml）

かぼちゃ -------------- 600g（約1/4個）
グラニュー糖 ------100g（正味量の40%）
レモン果汁-------------------- 1/2個分
白ワイン ----------------------大さじ3
スターアニス ---------------------- 2個

PREPARACIÓN 作り方

1. かぼちゃは種とワタを取り、皮をむいて3cm角に切る。果肉の重さを量り、その40%の重さのグラニュー糖を用意する。

2. 鍋に1.、レモン果汁、白ワイン、スターアニスを入れ、中火にかけて沸騰したらアクを丁寧に取る。弱火でときどき混ぜながらとろりとするまで10～15分煮る。

3. 熱いうちに煮沸消毒した清潔な瓶に詰める。

CONSEJOS ◎冷蔵庫で5日間保存可能。さらに長期保存する場合は、012ページを参照。

クロダネカボチャ

Mermelada
de calabaza,
manzana y naranja

Mermelada
de calabaza al anís

CALABAZA CIDRA

〔そうめんかぼちゃ〕

そうめんかぼちゃで作る、
「天使の髪の毛」はスペインで愛されている
伝統的なジャムのひとつ。
各地の郷土菓子にも広く使われています。
スペインではクロダネカボチャを使いますが、
金糸瓜でもおいしく作れます。

Cabello de ángel
天使の髪の毛のジャム

INGREDIENTES 材料
（作りやすい分量/でき上がり約600ml）

そうめんかぼちゃ ---------- 1kg（約1個）
グラニュー糖 ------450g（正味量の60％）
レモン果汁-------------------- 1/2個分

PREPARACIÓN 作り方

1. そうめんかぼちゃは4等分に切る。

2. 鍋に**1.**を入れて水をたっぷり注ぎ、中火に
   かける。沸騰したら15〜20分茹でる。果
   肉が透明になり、竹串がすっと刺さる程度
   になったらザルに上げ、しっかり水気をき
   る。ボウルに入れて皮、種とワタを取り除
   き、フォークで果肉をほぐす。

3. 果肉の重さを量り、その60％の重さのグラ
   ニュー糖を用意する。

4. 鍋に**2.**、**3.**、レモン果汁を入れて混ぜる。
   中火にかけて沸騰したらアクを丁寧に取
   る。弱火でときどき混ぜながらとろりとする
   まで20〜25分煮る。

5. 熱いうちに煮沸消毒した清潔な瓶に詰める。

CONSEJOS ◎本来は同量のグラニュー糖を使います
が、ここでは少なめにしています。好みで調整してくださ
い。◎冷蔵庫で2週間保存可能。さらに長期保存する
場合は、012ページを参照。

Empanadillas de cabello de ángel
天使の髪の毛のエンパナディージャ

INGREDIENTES 材料（10個分）

天使の髪の毛のジャム（⟶ Page. 216）------- 200g
アニス酒（または甘口白ワイン）------- 1/4カップ
オリーブオイル --------------------- 1/4カップ
a ┌ 薄力粉----------------------------- 200g
│ ベーキングパウダー-------------- 小さじ1/2
│ グラニュー糖------------------------ 大さじ1
│ アニスシード --------------------- 小さじ1/2
└ 白炒りごま --------------------- 小さじ1
揚げ油 ------------------------------ 適量
グラニュー糖（微粒）--------------------- 適量

PREPARACIÓN 作り方

1. ボウルにaを入れてよく混ぜる。

2. 器にアニス酒とオリーブオイルを入れて混ぜる。

3. 1.に2.を加えてフォークで混ぜる。ある程度混
   ざったら、台に取り出してさらによくこねる。水分
   が足りないようなら水大さじ1程度を加え、手から
   離れる程度までこねる。

4. 麺棒で2mm厚さにのばし、直径10cmのセルク
   ルまたはコップで丸く抜く。

5. 4.の中央にジャムをのせて半円状に折り、端の重
   なった部分（1cm程度）を指で被せるようにねじり
   ながら折り込む。またはフォークの背でおさえる。

6. 揚げ油を180℃に温め、5.を揚げる。きつね色に
   揚がったら、温かいうちにグラニュー糖をまぶす。

Jesuitas de hojaldre

ビルバオ風パイ

INGREDIENTES 材料(6個分)
天使の髪の毛のジャム（⟶ *Page. 216*）--- 70〜80g
マザー・マリア・アルムデナのパイ生地（⟶ *Page. 083*）
-- 150g
アーモンドスライス --------------------- 10g
［アイシング］
　　粉砂糖------------------------- 100g
　　卵白 --------------------------- 17g
　　レモン果汁 --------------------- 少々

PREPARACIÓN 作り方

1. パイ生地はオーブンシートの上で20cm角、厚さ2mm程度に麺棒でのばす。

2. 1.の手前半分にジャムをゴムベラで塗り、塗っていないほうを重ねるように半分に折る。

3. アイシングを作る。ボウルにアイシングの材料を入れ、スプーンで混ぜる。

4. 3.の表面に4.をパレットナイフまたはカードでまんべんなく塗る。冷蔵庫に20分入れ、乾燥させる。

5. オーブンを200℃に温める。

6. 冷蔵庫から4.を取り出し、3等分に切る。さらにそれぞれを斜めに切り、6個の二角形を作る。アーモンドスライスをのせる。

7. オーブンシートを敷いた天板の上にのせ、温めたオーブンの上段で10分、温度を180℃に下げて下段で5分焼く。

CONSEJOS ◎ナイフについたアイシングは、切る度にふくと切りやすいです。

ALCACHOFAS

〔アーティチョーク〕

隣のナバラ地方の名産で、
バスク地方でもなじみ深い野菜です。
丸い形で幾重にも外葉が重なり、
ほんのりとした苦味と独特の風味が特徴で、
さまざまな伝統料理やレシピに活用されています。
下処理してカットしたものを
レモンが入った湯で湯通しし、
冷凍することもあります。

Alcachofas
en conserva

Alcachofas
en aceite

Alcachofas en conserva
アーティチョークの瓶詰め

INGREDIENTES 材料
（作りやすい分量/でき上がり約300ml）

アーティチョーク -------- 500g（約小4個）
レモン果汁---------------------- 1個分
イタリアンパセリ ------------------- 1枝
塩 ------------------------- 小さじ1/3

PREPARACIÓN 作り方

1. ボウルにたっぷりの水とレモン果汁半量を入れる。落とし蓋用にオーブンシートを鍋の大きさに合わせて丸く切る。

2. アーティチョークは外側の厚い花弁をはがす。根元と先端を切り落とし、4等分のくし形に切る。変色しないように1.のボウルに素早く入れる。

3. 鍋に水1ℓと残りのレモン果汁、イタリアンパセリ、塩を入れ、中火にかける。沸騰したらアーティチョークを入れ、オーブンシートの落とし蓋をし、やわらかくなるまで10分茹でる。茹で汁は取り置く。

4. 鍋から取り出し、水気をきる。

5. 煮沸消毒した清潔な瓶にアーティチョークをぎゅうぎゅうに詰める。アーティチョークが被るように茹で汁を注ぎ、蓋を閉める。

6. 深鍋にフキンを敷き、瓶を置く。アーティチョークが見えるところまで水を注ぎ、中火にかける。沸騰寸前に弱火にして10分煮沸して火を止め、蓋をしっかり閉める。

CONSEJOS ◎瓶詰めしたままの状態だと傷みやすいので必ず煮沸してください。◎野菜の色は鮮やかでなくなってしまいますが、しっかり真空状態になっていれば冷蔵庫で3か月保存可能。

Alcachofas en aceite
アーティチョークのオイル漬け

INGREDIENTES 材料
（作りやすい分量/でき上がり約400ml）

アーティチョーク ---------1kg（約小8個）
レモン ---------------------- 1個
塩 ------------------------- 小さじ1/2
オリーブオイル -------------------- 適量

PREPARACIÓN 作り方

1. 落とし蓋用にオーブンシートを鍋の大きさに合わせて丸く切る。

2. レモンは半分を輪切りにし、半分は果汁を搾る。

3. 鍋に2.、水1ℓ、塩を入れて中火で沸かす。

4. アーティチョークは外側の厚い花弁をはがす。根元と先端を切り落とし、縦半分に切る。

5. 変色しないように鍋に4.を素早く入れ、オーブンシートの落とし蓋をしてアーティチョークがやわらかくなるまで10分茹でる。

6. 鍋から取り出し、水気をきり、さらにペーパータオルで水気をふく。

7. 煮沸消毒した清潔な瓶に6.をぎゅうぎゅうに詰め、オリーブオイルを注ぐ。隙間にオイルが徐々に染みていくので10分置き、アーティチョークが隠れるまでオリーブオイルを足す（瓶の上部は2cmほどあけておく）。気泡があればナイフやスプーンの柄で取る。

CONSEJOS ◎冷蔵庫で1週間保存可能。012ページを参照して、しっかり真空状態になっていれば冷蔵庫で6か月保存可能。

秋の保存食　11　アーティチョーク

Estofado de Cordero con alcachofas
羊肉とアーティチョークの煮込み

INGREDIENTES 材料(4人分)

アーティチョークのオイル漬け
（または瓶詰め → **Page. 221**）-------- 4個分
ラムショルダー肉（ブロック）-------- 400g
玉ねぎ ------------------------ 1/2個
にんにく ------------------------ 2片
イタリアンパセリ ----------------- 1枝
トマトソース（→ **Page. 105**）--------- 大さじ3
白ワイン --------------------- 1/4カップ
薄力粉 --------------------------- 適量
オリーブオイル ----------------- 大さじ1
塩、こしょう ------------------- 各適量

PREPARACIÓN 作り方

1. 玉ねぎとにんにくは粗みじんに切る。ラム肉はひと口大に切り、塩とこしょうをふって薄力粉をまぶす。

2. 鍋にオリーブオイルを中火で熱し、ラム肉の全面をこんがり焼いて取り出す。

3. 同じ鍋で玉ねぎを弱火で炒める。しんなりしたらにんにくを加えて炒め、香りが立ったらイタリアンパセリとトマトソースを加えて混ぜる。

4. ラム肉を戻し入れ、白ワインを加えて沸騰したら水1カップを加えて蓋をして弱火で20分煮る。

5. 塩とこしょうで味を調え、油をきったアーティチョークを加えてさらに10分煮る。

Crema de alcachofas y puerros
アーティチョークと長ねぎのクリームスープ

INGREDIENTES 材料(2〜3人分)

アーティチョークの瓶詰め（→ **Page. 221**）
---------------------------- 3個分
長ねぎ --------------------------- 2本
チキンスープ ------------- 2と1/2カップ
オリーブオイル ------------------ 大さじ1
塩、こしょう --------------------- 各適量
好みのハーブ（タラゴン、フェンネル、
バジル、チャービルなど）----------- 適量

PREPARACIÓN 作り方

1. アーティチョークはぶつ切りにする。長ねぎは小口切りにする。

2. 鍋にオリーブオイルを中火で熱し、長ねぎを炒める。しんなりしたら水気をきったアーティチョークとチキンスープを加え、沸騰したら蓋をして弱火で15分煮る。

3. ブレンダーまたはミキサーでクリーム状に攪拌し、塩とこしょうで味を調える。

4. 器によそい、ハーブを添える。

Alcachofas con bacón

アーティチョークのベーコン炒め

INGREDIENTES 材料(4人分)

アーティチョークの瓶詰め（ー→ *Page. 221*）------- 4個
ベーコン（厚め）--------------------------- 3枚
にんにく --------------------------------- 1片
オリーブオイル ----------------------- 小さじ2
塩、こしょう------------------------- 各適量

PREPARACIÓN 作り方

1. にんにくは薄切りにし、ベーコンは5mm幅に切る。アーティチョークは3等分のくし形に切る。

2. フライパンにオリーブオイルを中火で熱し、ベーコンとにんにくを炒める。

3. ベーコンがこんがりしたらアーティチョークを加え、全体にオイルが回るように混ぜ、塩とこしょうで味を調える。

Alcachofas con almejas en salsa verde

アーティチョークとあさりのグリーンソース

INGREDIENTES 材料（4人分）

アーティチョークの瓶詰め（──» *Page. 221*）--- 4個
あさり ----------------------------- 300g
にんにく ----------------------------- 2片
イタリアンパセリのみじん切り------ 大さじ1
白ワイン --------------------------- 1/2カップ
薄力粉 ----------------------------- 大さじ1
オリーブオイル------------- 大さじ2と1/2
塩 ------------------------------- 適量

PREPARACIÓN 作り方

1. あさりは塩3％を入れた水で30分ほど砂抜きし、こするように洗う。にんにくはみじん切りにする。

2. フライパンにオリーブオイルとにんにくを入れて弱火で炒める。香りが立ったら薄力粉を加えて混ぜる。

3. 白ワインと水1/2カップをダマにならないように少しずつ加えながら混ぜる。

4. あさり、水気をきったアーティチョーク、イタリアンパセリ半量を加え、蓋をしてときどき鍋を揺すりながら弱火で10分煮る。

5. あさりの口が開いたら、味を見て、塩で味を調える。

6. 皿に盛り、残りのイタリアンパセリをふる。

RECETAS CON FRUTAS Y HORTALIZAS FRESCAS
フレッシュを楽しむレシピ

Alcachofas rellenas de carne
アーティチョークの肉詰め

INGREDIENTES 材料(4人分)

アーティチョーク ----------------------4個
合挽き肉 --------------------------120g
ベーコンの粗みじん切り ----------- 40g
タイムの葉 ---------------------- 1枝分
パン粉 --------------------------- 大さじ2
オリーブオイル ---------------- 小さじ5
塩 ---------------------------- 小さじ1/4
こしょう --------------------------- 少々
a [レモン果汁 ----------------- 1個分
イタリアンパセリ -----------------1本
塩 --------------------- ひとつまみ]

PREPARACIÓN 作り方

1. 鍋に水1ℓとaを入れて沸かす。落とし蓋用にオーブンシートを鍋の大きさに合わせて丸く切る。

2. アーティチョークは外側の厚い花弁をはがす。根元と尖った先端を切り落とし、縦半分に切る。変色しないように切ったら素早く熱湯に入れる。オーブンシートの

落とし蓋をし、やわらかくなるまで10分茹でる。

3. 鍋から取り出し、水気をきり、さらにペーパータオルで水気をふく。

4. オーブンを230℃に温める。

5. アーティチョークの中心部をスプーンでくり抜き、粗みじん切りにする。外側は取り置く。

6. フライパンにオリーブオイル小さじ1を中火で熱し、挽き肉とベーコンを炒める。

7. アーティチョークの中身とタイムの葉を加えて炒め合わせ、塩とこしょうで味を調える。

8. 外側のアーティチョークに7.を詰める。パン粉をのせ、残りのオリーブオイルをかける。

9. オーブンシートを敷いた天板にのせ、温めたオーブンで焼き目がつくまで5分焼く。

CONSEJOS ◎切り落とす茎も、やわらかい部分は使ってもよいでしょう。その際は茎は皮をむいて使ってください。

Alcachofas rellenas de gambas
アーティチョークの海老詰め

INGREDIENTES 材料(4人分)

アーティチョーク(生) --------------4個
むき海老 ----------------------- 30g
長ねぎ --------------------------1本
オリーブオイル ---------------- 大さじ2
薄力粉 ---------------------- 大さじ1
牛乳 ----------------------1/2カップ
シュレッドチーズ ----------------- 10g
a [レモン果汁 ----------------- 1個分
イタリアンパセリ -----------------1本
塩 --------------------- ひとつまみ]

PREPARACIÓN 作り方

1. 鍋に水1ℓとaを入れて沸かす。落とし蓋用にオーブンシートを鍋の大きさに合わせて丸く切る。

2. アーティチョークは外側の厚い花弁をはがす。根元と尖った先端を切り落とし、縦半分に切る。変色しないように切ったら素早く熱湯に入れる。オーブンシートの落とし蓋をし、やわらかくなるまで10分茹でる。

3. 鍋から取り出し、水気をきり、さらにペーパータオルで水気をふく。

4. オーブンを250℃に温める。

5. アーティチョークの中心部をスプーンでくり抜き、粗みじん切りにする。外側は取り置く。

6. 長ねぎはみじん切りにする。海老はあれば背ワタを取り、4〜6等分に切る。

7. フライパンにオリーブオイルを中火で熱し、6.を炒める。

8. 海老に火が通ったら、アーティチョークの中身を加えて炒める。

9. 薄力粉を全体にふり、粉気がなくなったら牛乳をダマにならないように少しずつ加えてとろりとするまで混ぜ、塩としょう各少々（ともに分量外）で味を調える。

10. 外側のアーティチョークに9.を詰め、シュレッドチーズをのせる。

11. オーブンシートを敷いた天板にのせ、温めたオーブンで焼き目がつくまで10分焼く。

CONSEJOS ◎切り落とす茎も、やわらかい部分は使ってもよいでしょう。その際は茎は皮をむいて使ってください。

BERENJENA

〔なす〕

米なすに似たタイプで艶やかでどっぷりと大きいものが多いスペインのなす。
ここでは小型のなすで作っていたグラナダ県のサンタポーラ修道院のレシピも再現しています。
ちなみにスペイン内陸部のシウダ・レアルで栽培されている
小さくて丸いなすのスパイス酢漬けは代表的な保存食です。

Berenjenas
en aceite

Berenjenas baby
en aceite

Berenjenas
encurtidas

Berenjenas en aceite
米なすのオイル漬け

INGREDIENTES 材料
（作りやすい分量／でき上がり約500ml）

米なす ----------------- 400g（約1個）
にんにく ------------------------- 1片
黒粒こしょう ------------------小さじ1
オリーブオイル ------------- 1と1/4カップ

PREPARACIÓN 作り方

1. 米なすはヘタを切り落とし、ひと口大の乱切りにする。ボウルに入れ、塩小さじ2（分量外）をまぶして1時間以上置く。水で塩を洗い流し、キッチンタオルで水気をしっかりふく。

2. オーブンを220℃に温める。

3. 天板にオーブンシートを敷き、なすを並べ、オリーブオイル大さじ2（分量外）をかけてまぶす。

4. 温めたオーブンに入れ、ときどき返しながら火が通るように10〜12分焼く。

5. 煮沸消毒した清潔な瓶に4.、漬したにんにく、黒粒こしょうを詰める。オリーブオイルをなすが被るようにひたひたに注ぐ（瓶の上部は2cmほどあけておく）。隙間にオイルが徐々に染みていくので10分置き、なすが隠れるまでオリーブオイルを足す。気泡があればナイフやスプーンの柄などで取る。

CONSEJOS ◎ガラス瓶と温度差があると、割れやすいので瓶を温めておくとよい。◎冷蔵庫で1週間保存可能。012ページを参照して真空状態になっていれば冷蔵庫で6か月保存可能。

Berenjenas baby en aceite
小なすのオイル漬け

INGREDIENTES 材料
（作りやすい分量／でき上がり約600ml）

小なす ----------------- 400g（約8個）
くるみ（無塩・ロースト）------------- 40g
レモンの皮 --------------------- 1個分
にんにく ------------------------- 3片
オリーブオイル ----------- 約2と1/2カップ
塩 ---------------------------小さじ2

PREPARACIÓN 作り方

1. 小なすはヘタを切り落とす。にんにくは薄切りにする。

2. 鍋に塩適量（分量外）を入れた湯をたっぷり沸かす。なすを5分茹で、ザルに上げて粗熱を取る。

3. なすの中心に切り込みを入れ、中に塩をすり込む。くるみ、レモンの皮、にんにくをそれぞれに挟み、楊枝で留める。

4. 煮沸消毒した清潔な瓶に3.を詰め、オリーブオイルを注ぐ。隙間にオイルが徐々に染みていくので10分置き、なすが隠れるまでオリーブオイルを足す。気泡があればナイフやスプーンの柄などで取る。

CONSEJOS ◎冷蔵庫で1週間保存可能。012ページを参照して真空状態になっていれば冷蔵庫で6か月保存可能。

Berenjenas encurtidas
米なすのスパイス酢漬け

INGREDIENTES 材料
（作りやすい分量／でき上がり約600ml）

米なす ----------------- 400g（約1個）
にんにく ------------------------- 1片

a ┌ パプリカパウダー（あればスモーク）
  │ ----------------------小さじ1/2
  │ クミンパウダー ------------小さじ1/2
  │ 白ワインビネガー --------- 1/2カップ
  │ オリーブオイル ------------大さじ2
  └ 塩 -------------------- 小さじ1/4

PREPARACIÓN 作り方

1. 米なすはヘタを切り落とし、ひと口大の乱切りにする。にんにくは潰す。

2. 鍋に塩適量（分量外）を入れた湯をたっぷり沸かす。なすを2分茹で、ザルに上げて粗熱を取る。

3. ボウルに水1カップ、にんにく、aを入れてよく混ぜる。

4. 煮沸消毒した清潔な瓶になすを詰め、なすが被るように3.をひたひたに注ぐ。

CONSEJOS ◎冷蔵庫で1週間保存可能。012ページを参照して真空状態になっていれば冷蔵庫で6か月保存可能。

Bocadillo de berenjena

なすのボカディージョ

INGREDIENTES 材料(1人分)

バゲット(15〜17cm) ---------------------1本
米なすのスパイス酢漬け(─→ *Page. 229*) ------ 適量
ルッコラ ------------------------------- 適量

PREPARACIÓN 作り方

1. バゲットは横半分に切る。

2. ルッコラは根元を切り落とし、食べやすい大きさ
   に切る。

3. バゲットにルッコラとス水気をきった米なすを挟む。

Lentejas con berenjenas
なすとレンズ豆の煮込み

INGREDIENTES 材料（4人分）

米なすのオイル漬け（⟶ *Page. 229*）---------- 2個分
レンズ豆（皮付き）---------------------- 200g
玉ねぎ ------------------------------ 1/2個
にんにく ----------------------------- 1片
トマトソース（⟶ *Page. 105*）------------- 大さじ3
クミンパウダー ----------------------- 小さじ1
オレガノ（ドライ）--------------------- 小さじ1
ローリエ ---------------------------- 1枚
オリーブオイル ----------------------- 大さじ1
塩、こしょう------------------------- 各適量

PREPARACIÓN 作り方

1. レンズ豆はたっぷりの水に20分ひたす。玉ねぎは
   粗みじん切りにし、にんにくはみじん切りにする。

2. 鍋にオリーブオイルを弱火で熱し、玉ねぎを炒め
   る。しんなりしてきたらにんにくを加えて炒め、香
   りが立ったらトマトソースを加えて混ぜる。

3. 水気をきったレンズ豆を加え、レンズ豆より5cm
   ほど多めに水を注ぐ。中火にかけて沸騰したら
   弱火にし、クミンパウダー、オレガノ、ローリエを加
   え、蓋をして15分煮る。途中水分が減ってきたら
   水を足す。

4. 塩とこしょうで味を調え、油をきった米なすを加え
   てレンズ豆がやわらかくなるまで煮る。

COLUMNA　　　**LICOR VASCO**

バスクのリキュール

「少し飲んでみる？」とマザー・ヴィルヒニア。サン・ファン・デ・アクレ修道院でたくさんお話をうかがい、まさに料理の話で盛り上がっていた最中でした。突然、格子越しに瓶と小さなグラスが置かれたのです。注がれたのは美しいルビー色をした液体。グラスに注ぐと、果実の甘い香りがほんのりと漂ってきました。「パチャラン」です！　口に含むとさわやかな甘みが広がります。

パチャランはエンドリーナという木の実をアニス酒に漬け込んで作られる伝統的なリキュール。エンドリーナはナバラ、バスク地方の山地に多く生息する野生の低木で、9月から10月にかけて青い小さな果実が実ります。その木が1本、修道院の庭にもあるというのです！

熟した実を摘み、シナモンスティックとコーヒー豆と一緒に瓶に入れ、そこにアニス酒を注いで蓋をしたら、あとはそのまま7か月間ほっとくだけ。「ね、おいしいでしょ」と笑顔のマザー。古くから消化を助け、胃にやさしいことが知られていて自然療法にも使われていたとか。マザーたちも食後にたしなむそうです。

秋のごちそう

特別な日に作るという肉類をたっぷり使ったテリーヌはクララ会のレシピです。
ピスタチオやトリュフを入れると贅沢な味わいに。
さらにロースト赤パプリカのオイル漬け(P.119参照)を切って入れると鮮やかになります。

Fiambre de pollo trufado
鶏肉のテリーヌ

INGREDIENTES 材料
(17×8×高さ6cmのパウンド型・1台分)

鶏むね肉 ----------------- 2枚
生ハム ----------------- 8枚

a「鶏挽き肉 ----------- 300g
　合い挽き肉 -------- 200g
　卵 ----------------- 2個
　パン粉(細挽き) ------ 50g
　スープの素
　(チキンまたはブイヨン) --- 5g
　ブランデー ------ 1/4カップ
　ナツメグパウダー ------ 少々
　塩 -------------- 小さじ1
└こしょう ------------- 少々

PREPARACIÓN 作り方

1. パウンド型の内側にオリーブオイル(分量外)をまんべんなく塗る。湯煎用に湯を用意する。オーブンを200℃に温める。

2. 鶏肉は4枚のそぎ切りにする。

3. パウンド型の内側を覆うように生ハムを少しずつ重ねながら敷き、型の底に鶏肉を並べる。

4. ボウルにaを入れ、練るように混ぜる。

5. 型に4.をギュッと詰める。生ハムを交互に重ねて全体を覆う。

6. アルミホイルで蓋をする。

7. 型より大きめのバットに6.を置き、型の半分程度まで湯を注ぎ、温めたオーブンで20〜25分焼く。

8. 取り出して粗熱を取り、冷蔵庫で6時間以上休ませる。

CONSERVAS DE INVIERNO

晩秋が過ぎると冬が駆け足で近づいてきます。山間部を除き、比較的に寒さが穏やかといわれているバスクの冬も朝晩は冷え込み、冷たい雨も多くなり、表示されている温度と体感温度がずいぶんと違います。

修道院の畑と庭は元気な色が減ったものの、季節の野菜が次々に収穫を迎えます。冬に元気をくれる野菜といえば、長ねぎ、キャベツ、ほうれん草、そしてフダンソウや芽キャベツ、エンダイブ。果樹にはオレンジやキウイフルーツの果実もたわわに実ります。

冬至が過ぎ、いよいよ冬も本番になると庭には落葉が舞い落ち、真っ白な霜が降りることも。雪やみぞれが降る地域もあります。これから活動を緩やかにし、春に向けて活力を備える植物たちへの配慮が欠かせないときです。果樹の剪定だけは外部の方にお願いしますが、修道女たちは手分けして畑の整理や土起こし、春野菜の栽培に向けた準備も始めます。

NARANJA

〔オレンジ〕

善き羊飼いの修道院には、
立派なオレンジの木が1本あります。
収穫したオレンジは
そのまま食べることはもちろん、
ジュースにしたり、ジャムにして味わいます。
残った皮は冬のお祝いの日の
お菓子に使う砂糖漬けや
冷凍にして保存します。

Mermelada
de naranja y canela

Mermelada
de naranja
y pomelo

Mermelada
de naranja

Mermelada de naranja y canela
オレンジとシナモンのジャム

INGREDIENTES 材料
（作りやすい分量／でき上がり約250ml）

オレンジ ----------------- 400g（約2個）
グラニュー糖 ------120g（正味量の50%）
レモン果汁----------------- 1/2個分
シナモンスティック ----------------- 1本

PREPARACIÓN 作り方

1. オレンジ1個は塩適量（分量外）でこすってよく洗う。皮をむいて白い部分を包丁で取り、みじん切りにする。

2. 鍋にたっぷりの湯を沸かし、1.の皮を10分茹でる。ザルに上げて洗い、水気をきる。

3. 1.と残りのオレンジの果肉を薄皮から取り出し、種を取る。2～3等分に切り、2.の皮と果肉の重さを量り、その半量の重さのグラニュー糖を用意する。

4. 鍋に3.とレモン果汁を入れて混ぜる。中火にかけ、沸騰したらアクを丁寧に取る。弱火で混ぜながら10分煮て、シナモンスティックを加えてときどき混ぜながらさらに15～20分煮る。

5. 熱いうちに煮沸消毒した清潔な瓶に詰める。

CONSEJOS ◎皮の苦味を抑えたいときは、実と皮の白いワタをしっかり取り、さらに皮の湯通しを2～3回繰り返してください。◎冷蔵庫で2週間保存可能。さらに長期保存する場合は、012ページを参照。

Mermelada de naranja
オレンジのジャム

INGREDIENTES 材料
（作りやすい分量／でき上がり約300ml）

オレンジ ----------------- 400g（約2個）
グラニュー糖 ------160g（正味量の50%）
レモン果汁-------------------- 1/2個分

PREPARACIÓN 作り方

1. オレンジ1個は塩適量（分量外）でこすってよく洗う。皮をむいて白い部分を包丁で取り、みじん切りにする。

2. 鍋にたっぷりの湯を沸かし、1.の皮を10分茹でる。ザルに上げて洗い、水気をきる。

3. 1.と残りのオレンジの果肉を薄皮から取り出し、種を取る。2～3等分に切り、2.の皮と果肉の重さを量り、その半量の重さのグラニュー糖を用意する。

4. 鍋に3.とレモン果汁を入れて混ぜる。中火にかけ、沸騰したらアクを丁寧に取る。弱火でときどき混ぜながら25～30分煮る。

5. 熱いうちに煮沸消毒した清潔な瓶に詰める。

CONSEJOS ◎皮の苦味を抑えたいときは、実と皮の白いワタをしっかり取り、皮の湯通しを2～3回繰り返してください。◎冷蔵庫で2週間保存可能。さらに長期保存する場合は、012ページを参照。

Mermelada de naranja y pomelo
オレンジとグレープフルーツのジャム

INGREDIENTES 材料
（作りやすい分量／でき上がり約350ml）

オレンジ ----------------- 200g（約1個）
グレープフルーツ --------- 300g（約1個）
グラニュー糖 ------180g（正味量の50%）
レモン果汁----------------- 1個分

PREPARACIÓN 作り方

1. オレンジとグレープフルーツは塩適量（分量外）でこすってよく洗う。それぞれ半量ずつ皮をむいて白い部分を包丁で取り、せん切りにする。

2. 鍋にたっぷりの湯を沸かし、1.の皮を10分茹でる。ザルに上げて洗い、水気をきる。これをさらに2回繰り返したら、ザルに上げて洗って水気をきる。

3. オレンジとグレープフルーツの果肉は薄皮から取り出し、種を取る。2～3等分に切り、2.の皮と果肉の重さを量り、その半量の重さのグラニュー糖を用意する。

4. 鍋に果肉と皮、レモン果汁を入れて混ぜる。中火にかけ、沸騰したらアクを丁寧に取る。弱火でときどき混ぜて10分煮る。グラニュー糖を加え、さらに弱めの中火で15～20分煮る。

5. 熱いうちに煮沸消毒した清潔な瓶に詰める。

CONSEJOS ◎冷蔵庫で2週間保存可能。さらに長期保存する場合は、012ページを参照。

Mermelada
de naranja y chocolate

オレンジとチョコレートのジャム

INGREDIENTES 材料
（作りやすい分量／でき上がり約300ml）

オレンジ ----------------- 600g（約3個）
ダークチョコレート（クーベルチュール）
----------------------------------- 10g
グラニュー糖 ------180g（正味量の50%）

PREPARACIÓN 作り方

1. オレンジは薄皮から果肉を取り出し、2〜3等分に切る。チョコレートは細かく刻む。

2. 果肉の重さを量り、その半量の重さグラニュー糖を用意する。

3. 鍋に2.を入れて混ぜる。中火にかけ、沸騰したらアクを丁寧に取る。ときどき混ぜながら10分煮る。グラニュー糖を加え、さらに弱めの中火で15〜20分煮る。

4. チョコレートを加えてに混ぜて溶かす。

5. 熱いうちに煮沸消毒した清潔な瓶に詰める。

CONSEJOS ◎チョコレートはスイートタイプでもおいしく作れます。その際はグラニュー糖の量を加減してください。◎長期保存用に煮沸する場合はさらにチョコレートが溶けますが、その作業を省くときはチョコレートをしっかり溶かしてください。◎冷蔵庫で2週間保存可能。さらに長期保存する場合は、012ページを参照。

Mermelada
de naranja y plátano

オレンジとバナナのジャム

INGREDIENTES 材料
（作りやすい分量／でき上がり約700ml）

オレンジ ----------------- 600g（約3個）
バナナ（完熟）------------ 150g（約1本）
レモン果汁-------------------- 1／2個分
グラニュー糖 ------280g（正味量の50%）

PREPARACIÓN 作り方

1. オレンジ1個は塩適量（分量外）でこすってよく洗う。皮をむいて白い部分を包丁で取り、せん切りにする。

2. 鍋にたっぷりの湯を沸かし、1.の皮を10分茹でる。ザルに上げて洗い、水気をきる。これをさらに2回繰り返す。

3. 1.と残りのオレンジの果肉を薄皮から取り出し、種を取って2〜3等分に切る。

4. バナナは皮をむいて粗みじんに切り、レモン果汁をふる。

5. 皮、オレンジとバナナの果肉を合わせた重さを量り、その半量の重さのグラニュー糖を用意する。

6. 鍋に皮、果肉、グラニュー糖を入れて混ぜる。中火にかけ、沸騰したら弱めの中火でときどき混ぜながらとろりとするまで20分煮る。

7. バナナを加えてさらに10分煮る。

8. 熱いうちに煮沸消毒した清潔な瓶に詰める。

CONSEJOS ◎バナナは皮に茶色の斑点が出た甘く熟したものを使います。◎冷蔵庫で2週間保存可能。さらに長期保存する場合は、012ページを参照。

Mermelada
de naranja y plátano

Mermelada
de naranja y chocolate

Cáscara de naranja congelada
冷凍オレンジピール

INGREDIENTES 材料（作りやすい分量）

オレンジ -------------------------- 1個
塩 ------------------------------- 適量

PREPARACIÓN 作り方

1. オレンジは塩でこすってよく洗い、水気をフキンまたはペーパータオルでしっかりふく。

2. 皮をむいて白い部分を包丁で取る。5mm～1cm幅の細切りにするか、すりおろす。

3. 冷凍用保存袋に入れ、空気が抜けるように平らにならして封を閉じて冷蔵庫に入れる。

CONSEJOS ◎スペインではオレンジピールをお菓子の風味付けを中心に料理にもよく使います。◎冷凍庫から出したら凍ったまま、すぐに使うのが風味を損なわないポイントです。◎冷凍庫で6か月保存可能。

Cáscara de naranja en almíbar
オレンジピールのシロップ漬け

INGREDIENTES 材料（作りやすい分量／でき上がり800ml）

オレンジの皮 -------------------- 5個分
グラニュー糖 --------------------- 250g

PREPARACIÓN 作り方

1. オレンジは塩適量（分量外）でこすってよく洗う。4～5等分に切って皮をむき、白い部分を包丁で取り、5mm幅に切る。

2. 鍋にたっぷりの湯を沸かし、1.の皮を5分煮る。ザルに上げて冷水に取る。これをさらに2回繰り返す。

3. シロップを作る。鍋に水2と1/2カップとグラニュー糖を入れて混ぜ、沸騰したら中火で5分煮る。

4. 2.の皮を加えて沸騰したら5分煮る。さらに弱火の中火にして皮がやわらかくなるまで30分煮て、粗熱を取る。

5. 煮沸消毒した清潔な瓶に入れ、皮が被るようにシロップをひたひたに注ぐ（瓶の上部は2cmほどあけておく）。

CONSEJOS ◎お菓子だけではなく料理にもおおいに活用してください。◎乾燥させてグラニュー糖をまぶし、そのまま食べてもおいしいです。◎冷蔵庫で3か月、冷凍庫で6か月保存可能。冷凍する場合は小分けにするとよいでしょう。

Naranjas confitadas
オレンジのコンフィ

INGREDIENTES 材料（作りやすい分量／でき上がり400ml）

オレンジ ------------------ 600g（約3個）
グラニュー糖 --------------------- 450g

PREPARACIÓN 作り方

1. オレンジ1個は塩適量（分量外）でこすってよく洗い、6～7mm厚さの輪切りにする。

2. 大きめのフライパンに水2カップとグラニュー糖を入れて中火にかける。沸騰してグラニュー糖が溶けたら、1.を静かに入れる。弱火で40分ほど煮て、火を止めてそのまま冷ます。途中水分がなくなるようなら水適量（分量外）を加える。

3. 実が崩れないように気をつけながら煮沸消毒した清潔な瓶に入れ、オレンジが被るようにシロップをひたひたに注ぐ（瓶の上部は2cmほどあけておく）。

CONSEJOS ◎クリスマスや行事に使うロスコン（マジパン生地で作られた甘い菓子パン）やケーキなどのお菓子に使います。おいしいだけではなく、美しい色がお菓子を引き立ててくれて修道院でも欠かせません。◎オレンジは皮が薄いものを選ぶようにしましょう。◎スライスが何重にも重ならないように、できるだけ口の広いフライパンまたは鍋で煮るのがおすすめです。◎煮ている間はなるべく触れずに必要ならば鍋を揺らすようにします。◎好みのリキュールを少し加えてもよいでしょう。◎乾燥させてグラニュー糖をまぶし、そのまま食べてもおいしいです。◎冷蔵庫で3か月保存可能。さらに長期保存する場合は、012ページを参照。◎冷凍庫でも6か月保存可能。その場合は小分けにするとよいでしょう。

Naranjas confitadas

Cáscara de
naranja en almíbar

Guisado de cerdo a la naranja
豚肉のオレンジ煮込み

INGREDIENTES 材料(4人分)

豚ロース肉(ブロック)	400g
にんにく	1片
オレンジピールのシロップ漬け(→ Page. 240)	20本
オレンジ果汁	2個分
ローズマリー	1本
薄力粉	大さじ1
オリーブオイル	小さじ2
塩、こしょう	各適量

PREPARACION 作り方

1. 豚肉はひと口大に切り、塩とこしょうをふり、薄力粉を
   まぶす。にんにくは薄切りにする。

2. フライパンにオリーブオイルとにんにくを入れ、弱火
   で炒める。香りが立ったら、中火で豚肉の全面をこ
   んがり焼く。

3. 水気をきったオレンジピール、オレンジ果汁、ローズ
   マリーを加え、蓋をしてとろりとするまで弱火で煮る。

Coca de San Juan

サン・ファンのコカ

INGREDIENTES 材料(25×15cm・1枚分)

a ⎡ 溶き卵 ------------------------------------ 30g
　⎜ 水 -------------------------------------- 大さじ5
　⎜ オリーブオイル ------------------------- 大さじ1と1/2
　⎣ 冷凍オレンジピールのすりおろし(⟶ *Page. 240*) ----- 1/2個分

b ⎡ 強力粉 ---------------------------------- 200g
　⎜ ドライイースト --------------------------- 3g
　⎜ グラニュー糖 ---------------------------- 40g
　⎣ 塩 ------------------------------------ ひとつまみ

オレンジのコンフィ(⟶ *Page. 240*) ----------------- 5〜6枚
松の実 -------------------------------------- 25g
グラニュー糖 -------------------------------- 適量

PREPARACIÓN 作り方

1. ボウルに **a** を入れて泡立て器で混ぜる。松の実は水に浸す。

2. 別のボウルに **b** を入れてフォークで混ぜる。**a** を少しずつ加え、ゴムベラに持ち替えてまとまるまで混ぜる。ある程度混ざったら、台に取り出し、手でこねてまとめる。ボウルに戻し入れ、ラップできっちりと覆い、室温で1〜1時間半発酵させる。

3. オーブンを180℃に温める。

4. 打ち粉(分量外)をふった台の上に **2.** をのせ、麺棒で5mm厚さの楕円形にのばす。フォークでところどころに穴をあける。

5. オレンジのコンフィをのせ、水から取り出した松の実とグラニュー糖をふる。

6. 温めたオーブンに入れ、焼き色がつくまで20分焼く。

Ensalada de naranja
オレンジと玉ねぎのサラダ

INGREDIENTES 材料(4人分)

オレンジ ------------------------5個
玉ねぎ ------------------------ 1/4個
アーモンドスライス --------------- 30g
好みのハーブ(ミント、イタリアンパセリなど)
------------------------------ 少々
オリーブオイル ---------------- 大さじ2
レモン果汁---------------- 大さじ1〜2

PREPARACIÓN 作り方

1. オレンジは皮をむき、果肉を薄皮から取り出す。玉ねぎは繊維を断ち切るように薄切りにする。アーモンドスライスはフライパンできつね色になるまで炒る。
2. ボウルに1.とハーブを入れる。オリーブオイルを加えて混ぜ、レモン果汁、塩とこしょう各適量(ともに分量外)で味を調える。

Macedonia de frutas
マセドニア

INGREDIENTES 材料(4人分)

オレンジ ------------------------3個
キウイフルーツ --------------------2個
バナナ -------------------------1本
りんご ------------------------- 1/2個

PREPARACIÓN 作り方

1. オレンジ1個は果汁を搾り、残りは果肉を薄皮から取り出して食べやすい大きさに切る。
2. 残りの果物も食べやすい大きさに切る。
3. すべての材料を混ぜ、皿に盛る。

Naranjas rellenas con crema y merengue suizo
オレンジクリームとスイスメレンゲのオレンジカップ

INGREDIENTES 材料(4人分)

オレンジ ------------------------2個
卵 ----------------- 1個(室温に戻す)
グラニュー糖 --------------------- 50g
コーンスターチ ------------------- 25g
[スイスメレンゲ]
　卵白 ---------------------- 1個分
　グラニュー糖------------------- 50g
　レモン果汁 ----------------- 2〜3滴
チョコレート(クーベルチュール) ------ 適宜

PREPARACIÓN 作り方

1. オレンジは半分に切り、果汁(2カップ)を搾る。皮は器にするので取り置く。卵は溶きほぐす。
2. 鍋に1.のオレンジ果汁を入れて沸騰させないように弱火で温める。
3. ボウルにグラニュー糖とコーンスターチを入れて泡立て器で混ぜ、溶き卵を加えてよく混ぜる。温めたオレンジ果汁を少しずつ加えながらさらに混ぜる。
4. 鍋に戻し入れ、ゴムベラでとろりとするまで弱火で混ぜる。
5. 取り置いたオレンジの皮に4.を流し入れる。
6. スイスメレンゲを作る。鍋に湯を沸かし、沸騰寸前で火を止める。ボウルに卵白とグラニュー糖を入れて泡立て器で混ぜ、鍋にのせて湯煎にかけながらさらに混ぜる。卵白が温かくなったら鍋から外し、ハンドミキサーに持ち替えて泡立てる。レモン果汁を加え、さらに白くなり、ツヤが出てツノが立つまで泡立てる。
7. メレンゲを絞り袋に入れて5.の上にうずまき状に絞る。
8. 好みで電子レンジで溶かしたチョコレートを7.の上にかける。

CONSEJOS ◎カルメル会のレシピです。オレンジの皮を器に見立て、かわいらしく作る特別な日のお菓子です。◎オレンジクリームはケーキやアイスクリームと合わせてもおいしいです。

LIMÓN

〔レモン〕

Jalea de limón
y especias

Mermelada de limón

Jalea de limón

古くから修道院では食事の中でレモンをいろいろと活用し、
それが結果的に豊富なビタミンC摂取につながっていました。
また、スペインの伝統菓子はレモンの皮で風味付けすることもとても多いです。
そんなこともあり、収穫後のレモンの皮は捨てずに冷凍するのが習慣です。

Jalea de limón

レモンとミントのジュレジャム

INGREDIENTES 材料
（作りやすい分量／でき上がり約300ml）

レモン果汁------------300g（6〜7個分）
グラニュー糖--------------------300g
ミントの葉のみじん切り----------小さじ1

PREPARACIÓN 作り方

1. 鍋にレモン果汁とグラニュー糖を入れて混ぜる。中火にかけて沸騰したらアクを丁寧に取り、弱火でとろりとするまで30分煮る。

2. 火を止めて粗熱を取り、ミントを加えて混ぜる。

3. 煮沸消毒した清潔な瓶に入れる。

CONSEJOS　◎ミントの代わりにタイム、レモングラス、ローズマリー、セージも合います。その際はみじん切りにせず、そのまま入れて香り漬けします。◎残ったレモンの皮で冷凍レモンピール（→ Page. 250）が作れます。◎冷蔵庫で2週間保存可能。さらに長期保存する場合は、012ページを参照。

Jalea de limón y especias

レモンとスパイスのジュレジャム

INGREDIENTES 材料
（作りやすい分量／でき上がり約600ml）

レモン果汁------------300g（6〜7個分）
グラニュー糖--------------------300g
スパイス（黒粒こしょう、カルダモンパウダー、クローブパウダー、ナツメグパウダーなどを合わせて）--------------------小さじ1

PREPARACIÓN 作り方

1. 鍋にレモン果汁とグラニュー糖を入れて混ぜる。中火にかけて沸騰したらアクを丁寧に取り、弱火でとろりとするまで20分煮る。

2. 火を止めてスパイスを加え、弱火で果汁がとろりとするまでさらに5〜10分煮て、粗熱を取る。

3. 煮沸消毒した清潔な瓶に入れる。

CONSEJOS　◎残ったレモンの皮で冷凍レモンピール（→ Page. 250）が作れます。◎冷蔵庫で2週間保存可能。さらに長期保存する場合は、012ページを参照。

Mermelada de limón

レモンのジャム

INGREDIENTES 材料
（作りやすい分量／でき上がり約400ml）

レモン--------------------500g（約4個）
グラニュー糖------480g（正味量と同量）

PREPARACIÓN 作り方

1. レモンは塩適量（分量外）でこすってよく洗う。2個は果汁を搾り、残りは皮をむいて果肉を薄皮から取り出して種を取り、2〜3等分に切る。皮の3/4個分は包丁で白い部分を取り、せん切りにする。果汁、果肉、皮の重さを量り、同量のグラニュー糖を用意する。

2. 鍋に1.を入れて混ぜ、中火にかける。沸騰したらアクを丁寧に取り、弱火でときどき混ぜながら25〜30分煮る。

3. 熱いうちに煮沸消毒した清潔な瓶に詰める。

CONSEJOS　◎実と皮の白いワタと薄皮は苦味があるのでしっかり取りましょう。◎果肉は木ベラで好みの大きさに潰してください。◎冷蔵庫で2週間保存可能。さらに長期保存する場合は、012ページを参照。

Buñuelos de viento
揚げシュー

INGREDIENTES 材料（18個分）

薄力粉 ------------------------ 100g
ベーキングパウダー ----------- 小さじ1/2
溶き卵 ----------------------- 1個分
バター（無塩） ---------------- 25〜30g
グラニュー糖 ------------------ 大さじ1
塩 -------------------------- 少々
揚げ油 ----------------------- 適量
レモンのジャム（——▶ *Page. 247*) --- 大さじ6〜8
粉砂糖 ----------------------- 適量

PREPARACIÓN 作り方

1. 薄力粉とベーキングパウダーは合わせてふるう。
2. 鍋に水120ml、バター、グラニュー糖、塩を入れ、中火にかける。混ぜながら沸騰寸前で火を止め、ふるった粉類を加えて木ベラでよく混ぜて粗熱を取る。
3. 溶き卵を少しずつ加えて混ぜる。
4. 別の鍋にたっぷりの揚げ油を180℃に温め、3.をスプーンですくって落とし、浮かぶまで揚げて油をきる。
5. 小さなスプーンの柄などで上部に穴をあけ、そこからスプーンの先でジャムをやさしく入れる。皿に盛り、粉砂糖をふる。

CONSEJOS ◎「修道女のため息」とも呼ばれ、11月1日の諸聖人の日に食べる地域が多くあります。◎生地を落とすときはスプーンを2本使い、1本で生地をすくったら、もう1本で落とすように静かに油に落とします。

RECETAS CON FRUTAS Y HORTALIZAS FRESCAS
フレッシュを楽しむレシピ

Batido de yogur con limón
レモン風味のヨーグルトドリンク

INGREDIENTES 材料（1人分）

プレーンヨーグルト（無糖） -- 1/2カップ
コンデンスミルク -------------- 大さじ2
レモン果汁 ------------------- 大さじ2
シナモンパウダー -------------- 少々

PREPARACIÓN 作り方

1. グラスにヨーグルト、コンデンスミルク、レモン果汁を入れてよく混ぜる。
2. 好みでシナモンパウダーをふる。

Limonada caliente
ホットレモネード

INGREDIENTES 材料（4人前）

レモン果汁 -------------------- 3個分
はちみつ ------------------ 小さじ4〜5
好みのハーブ（ミント、レモンバームなど）
------------------------------ 少々

PREPARACIÓN 作り方

1. 鍋にはちみつと水3カップを入れて中火にかけ、沸騰寸前に火を止める。
2. グラスにハーブとレモン果汁を均等に入れ、1.を注ぐ。

Cáscara de limón

冷凍レモンピール

INGREDIENTES 材料（作りやすい分量）

レモン ------------------------------------- 1個
塩 ------------------------------------- 適量

PREPARACIÓN 作り方

1. レモンは塩でこすってよく洗い、水気をフキンまたはペーパータオルでしっかりふく。

2. 皮をむいて白い部分を包丁で取る。5mm～1cm幅の細切りにするか、すりおろす。

3. 冷凍用保存袋に入れ、空気が抜けるように平らにならして封を閉じて冷蔵庫に入れる。

CONSEJOS ◎スペインではお菓子の風味付けによく使います。◎冷凍庫から出したら凍ったまま、すぐに使うのが風味を損なわないポイントです。◎冷凍庫で6か月保存可能。

Limones en salmuera
レモンの発酵塩漬け

INGREDIENTES 材料（作りやすい分量／でき上がり約1ℓ）

レモン ------------------- 750g（約6個）
レモン果汁 ----------------------- 1個分
塩 ---------------------------- 大さじ6

PREPARACIÓN 作り方

1. レモンは塩適量（分量外）でこすってよく洗う。

2. レモンの上両端を切り落とし、十字の切り込みを深く入れる。切り込みの中に塩を大さじ1ずつ詰める。

3. 煮沸消毒した清潔な大きめの瓶に**2.**を詰める。レモン果汁をひたひたになるまで水を注ぐ。

4. 蓋を閉め、直射日光と高温を避けて冷暗所に置く。最初の1週間は塩を溶かすように瓶を上下左右に毎日ふり、その後3〜4週間発酵させる。使う際はむいた皮を料理に使う。

CONSEJOS ◎修道院の古い本から抜粋したレシピです。モロッコから伝わった保存方法のようです。調べてみると、同じように作っているスペインの人たちが多く活用していました。◎レモンが水面から出てしまうと、そこから傷む場合があるので、その際は塩水を作って足すとよいでしょう。◎発酵後は冷蔵庫で保管し、塩水に浸かっていれば1か月保存可能。

Aceitunas aliñadas
オリーブの漬け物

INGREDIENTES 材料（作りやすい分量）

種なしオリーブ
（グリーンとブラックを合わせて）-- 各150g
レモンの発酵塩漬けの皮（——→ Page. 251）
------------------------------ 1/2個分
にんにく --------------------------- 2片
赤唐辛子 --------------------------- 1本
オレガノ（乾燥）-----------------小さじ1
ミントの葉-----------------------1枝分
ローリエ --------------------------- 2枚
パプリカパウダー（あればスモーク）---小さじ1
オリーブオイル -----------------大さじ2

PREPARACIÓN 作り方

1. レモンの皮は細切りにする。にんにくは薄
   切りにする。
2. すべての材料を保存容器に入れてよく混
   ぜ、そのままひと晩置いて味をなじませる。

CONSEJOS ◎地中海に面したスペインで古くから大事
にされてきたオリーブは、日常的に使う食材です。善き
羊飼いの修道院でお食事をいただいたときは、目玉焼
きにオリーブが添えられていました。◎作り方はスパイ
スやハーブ、柑橘類、玉ねぎ、ピーマンなどを加えて使っ
たものなど、種類も豊富です。味を染み込みやすくする
ため、オリーブを軽く潰すこともあります。

Sardinas al limón

イワシのレモン風味

INGREDIENTES 材料(4人分)

イワシ	4尾
レモンの発酵塩漬けの皮（⟶ Page. 251）	1個
にんにく	1片
塩	適量
オリーブオイル	大さじ2
セージ	少々

PREPARACIÓN 作り方

1. イワシは頭を切り落とし、腹に包丁を入れて内臓を取り除く。流水でよく洗ってペーパータオルで水気をふき、塩をふる。

2. レモンの皮は細切りにする。にんにくは薄切りにする。

3. フライパンにオリーブオイル大さじ1を中火で熱し、イワシの両面をこんがり焼いて皿に盛る。

4. 同じフライパンに残りのオリーブオイルと2.を入れて弱火で炒め、にんにくの香りが立ったら3.にかけてセージをのせる。

Mermelada de kiwi

Compota de kiwi

KIWI

〔キウイフルーツ〕

秋から熟し始め、冬の終わりまで食べられる、
冬のビタミン補給に大きな役割を果たしてくれる果物です。
聖アナ修道院で食事をいただいたときに
庭で実った小さなキウイフルーツがデザートで配られ、
修道女たちは半分に切ってスプーンで
果肉をすくって食べていらっしゃいました。

Mermelada de kiwi
キウイフルーツのジャム

INGREDIENTES 材料
（作りやすい分量／でき上がり約400ml）

キウイフルーツ ----------- 520g（約4個）
グラニュー糖 ------220g（正味量の50％）
レモン果汁------------------- 1/2個分

PREPARACIÓN 作り方

1. キウイフルーツはヘタを切り落として皮をむき、2cm角に切る。果肉の重さを量り、その半量の重さのグラニュー糖を用意する。

2. ボウルに**1.**とレモン果汁を入れて混ぜ、水分が出るまで1〜2時間置く

3. キウイフルーツから出た水分ごと鍋に入れて中火にかけ、沸騰したらアクを丁寧に取る。弱めの中火でときどき混ぜ、好みの大きさに木ベラで潰しながら20〜30分煮る。

4. 熱いうちに煮沸消毒した清潔な瓶に詰める。

CONSEJOS ◎冷蔵庫で2週間保存可能。さらに長期保存する場合は、012ページを参照。

Compota de kiwi
キウイフルーツのコンポート

INGREDIENTES 材料
（作りやすい分量／でき上がり約420ml）

キウイフルーツ ----------- 520g（約4個）
グラニュー糖 ------- 60g（正味量の14％）
しょうがスライス--------------------- 1枚
シナモンスティック ----------------- 1本

PREPARACIÓN 作り方

1. キウイフルーツはヘタを切り落として皮をむき、2cm角に切る。果肉の重さを量り、その重さの14％のグラニュー糖を用意する。

2. 鍋に**1.**としょうがを入れて混ぜる。中火にかけ、沸騰したらアクを丁寧に取る。シナモンスティックを加えて弱めの中火でとろりとするまで10〜15分煮る。

3. シナモンスティックを取り除き、熱いうちに煮沸消毒した清潔な瓶に詰める。

CONSEJOS ◎冷蔵庫で2〜3日、冷凍庫で1か月保存可能。冷凍する場合は保存容器または冷凍用保存袋に入れ、食べる際は冷蔵庫に入れて解凍してください。◎さらに長期保存する場合は、012ページを参照して真空状態になっていれば冷蔵庫で6〜8か月保存可能。

Batido de kiwis y frutas con miel
キウイフルーツのジュース

INGREDIENTES 材料（7〜8人分）

キウイフルーツ --------------- 2個
りんご --------------------- 2個
バナナ--------------------- 1本
レモン果汁--------------- 1個分
はちみつ --------------- 大さじ1

PREPARACIÓN 作り方

1. キウイフルーツとバナナは皮をむいてぶつ切りにする。りんごは皮をむきいて芯と種を取り、角切りにする。

2. **1.**と水3と1/2カップ、レモン果汁、はちみつをブレンダーまたはミキサーでジュース状に撹拌する。

Tarta de crema blanca con kiwi

キウイフルーツのホワイトクリームタルト

INGREDIENTES 材料
（23×8×高さ2.5 cmタルト型〈底が取れるタイプ〉・1台分）

キウイフルーツのコンポート（⟶ Page. 255）
------------------------------ 大さじ5
ミントの葉------------------------- 6枚
［タルト生地］
　　薄力粉-------------------- 100g
　　バター（無塩）------ 40g（室温に戻す）
　　粉砂糖--------------------- 20g
　　卵黄----------------------- 1個分
［フィリング］
　　バター（無塩）---------------- 25g
　　薄力粉--------------------- 40g
　　牛乳----------------- 1と1/2カップ
　　グラニュー糖----------------大さじ2

PREPARACIÓN 作り方

1. 生地用とフィリング用の薄力粉はそれぞれふるう。

2. タルト生地を作る。ボウルにバターと粉砂糖を入れてゴムベラで混ぜ、溶いた卵黄を加えて混ぜる。薄力粉を加えてさらに混ぜ、まとめる。ラップで包み、冷蔵庫に30分置く。

3. オーブンを180℃に温める。

4. 冷蔵庫から生地を取り出して型よりひと回り大きくのばし、型に敷きつめる。底にフォークで穴をあける。オーブンシートをのせ、重石を敷き詰める。

5. 天板にのせ、温めたオーブンで15分焼く。焼き目がついたら取り出し、オーブンシートと重石を外し、粗熱を取る。

6. フィリングを作る。鍋にバターを入れて弱火で溶かし、薄力粉を加えて泡立て器でよく混ぜる。牛乳を少しずつ加えて混ぜ、とろりとしたらグラニュー糖を加えて混ぜる。

7. 焼いた生地にフィリングを敷き詰め、中央にコンポートをのせる。冷蔵庫で冷やし、ミ

MANDARINA

〔みかん〕

スペインのみかんは温州みかんも含めていくつかの品種を交配したもので、
姿も味も日本のみかんと同じです。19世紀にバレンシアで栽培が始まったといいます。
聖アナ修道院の庭にはみかんの小さな木が4本あり、
小ぶりな品種のため、ビスコチョを作る以外はほとんどをジャムにするそうです。

Mermelada
de mandarina
y canela

Mermelada de
mandarina al tomillo

Mermelada de
mandarina y manzana

Mermelada
de mandarina y manzana

みかんとりんごのジャム

INGREDIENTES 材料
（作りやすい分量／でき上がり約350ml）

みかん ------------------- 300g（約3個）
りんご ----------------- 200g（約小1個）
グラニュー糖 ------200g（正味量の50%）
レモン果汁-------------------- 1/2個分

PREPARACIÓN 作り方

1. みかんは皮をむいて白い筋と種を取り、薄皮ごと1～2cm角に切る。りんごは皮をむいて芯と種を取り、1～2cm角に切る。両方の果肉の重さを量り、その半量の重さのグラニュー糖を用意する。

2. ボウルに1.とレモン果汁を入れて混ぜ、2時間置く。

3. 果肉から出た水分ごと鍋に入れて中火にかけ、沸騰したらアクを丁寧に取る。弱めの中火でときどき混ぜながらとろりとするまで20～25分煮て、ブレンダーで好みの大きさに潰す。

4. 熱いうちに煮沸消毒した清潔な瓶に詰める。

CONSEJOS ◎ここでは薄皮が薄い小さいサイズのみかんを使っています。大きめのみかん、または種類によって薄皮が厚いときは薄皮をむいてください。◎みかんの皮1/2個分をすって入れると、ほろ苦くなっておいしいです。◎冷蔵庫で2週間保存可能。さらに長期保存する場合は、012ページを参照。

Mermelada
de mandarina al tomillo

みかんとタイムのジャム

INGREDIENTES 材料
（作りやすい分量／でき上がり約150ml）

みかん -------------------- 300g（3個）
グラニュー糖 ------120g（正味量の50%）
レモン果汁-------------------- 1/4個分
タイム -------------------------- 1枝

PREPARACIÓN 作り方

1. みかんは皮をむいて白い筋と種を取り、薄皮ごと1～2cm角に切る。果肉の重さを量り、その半量の重さのグラニュー糖を用意する。

2. 鍋に1.とレモン果汁を入れて混ぜる。中火にかけ、沸騰したらアクを丁寧に取る。弱めの中火でときどき混ぜながらとろりとするまで15～20分煮る。

3. ブレンダーで好みの大きさに潰し、タイムを加えてさらに5分煮る。

4. 熱いうちに消毒した瓶に詰める。

CONSEJOS ◎ここでは薄皮が薄い小さいサイズのみかんを使っています。大きめのみかん、または種類によって薄皮が厚いときは薄皮をむいてください。◎みかんの皮1/2個分をすって入れると、ほろ苦くなっておいしいです。◎冷蔵庫で2週間保存可能。さらに長期保存する場合は、012ページを参照。

Mermelada
de mandarina y canela

みかんとシナモンのジャム

INGREDIENTES 材料
（作りやすい分量／でき上がり約150ml）

みかん -------------------- 300g（3個）
グラニュー糖 ------120g（正味量の50%）
レモン果汁-------------------- 1/4個分
シナモンスティック ----------------1本

PREPARACIÓN 作り方

1. みかんは皮をむいて白い筋と種を取り、薄皮ごと1～2cm角に切る。果肉の重さを量り、その半量の重さのグラニュー糖を用意する。

2. 鍋に1.とレモン果汁を入混ぜる。中火にかけ、沸騰したらアクを丁寧に取る。シナモンスティックを加え、弱めの中火でときどき混ぜながらとろりとするまで20～25分煮る。シナモンスティックを取り出し、ブレンダーで好みの大きさに潰す。

3. 熱いうちに消毒した瓶に取り出したシナモンスティックとともに詰める。

CONSEJOS ◎ここでは薄皮が薄い小さいサイズのみかんを使っています。大きめのみかん、または種類によって薄皮が厚いときは薄皮をむいてください。◎みかんの皮1/2個分をすって入れると、ほろ苦くなっておいしいです。◎冷蔵庫で2週間保存可能。さらに長期保存する場合は、012ページを参照。

BERZA

〔キャベツ〕

中世の頃から庶民の味方だったといわれる
キャベツは栄養的にも調理するにも優秀な野菜。
バスクはサボイキャベツ、丸玉キャベツを
中心に種類もさまざまなものがあります。
サン・ファン修道院では上記の2種と
紫キャベツを育て、いつでも使えるように
カットして冷凍して常備しています。

Berza congelada
冷凍キャベツ

INGREDIENTES 材料（作りやすい分量）

キャベツ -------------------- 600g（約1/2個）

PREPARACIÓN 作り方

1. キャベツはざく切り、またはせん切りにして水で洗う。

2. ザルに上げてしっかりと水気をきり、さらにフキン
   またはペーパータオルで1.の水分をふく。しっかり
   り水気をふかないと、霜が増えて解凍したときに
   水っぽくなってしまう。

3. 冷凍用保存袋に入れて空気が抜けるように平ら
   にならし、封を閉じて冷凍庫に入れる。

CONSEJOS ◎調理するときは冷凍したまま使います。◎冷凍
庫で1か月保存可能。

Berza cocida
con refrito de ajos

キャベツのにんにくオイル

INGREDIENTES 材料（4人分）

冷凍キャベツのざく切り -------- 1／4個分
にんにく ----------------------- 3〜4片
オリーブオイル ---------------- 大さじ4
塩 --------------------------- 適量

PREPARACIÓN 作り方

1. 鍋に塩を入れた湯を沸かし、キャベツを1〜2分茹でる。ザルに上げて水気をきる。

2. にんにくは薄切りにする。

3. フライパンにオリーブオイルとにんにくを入れ、弱火で香りが立つまで炒める。

4. 皿にキャベツを盛り、3.をかけて塩をふり、混ぜながら食べる。

Puré de patata con berza

マッシュキャベツポテト

INGREDIENTES 材料（4人分）

冷凍キャベツのせん切り（⟶ Page. 260）

-------------------------------- 1/6個分

じゃがいも ---------------------- 3個

にんにく ------------------------ 1片

オリーブオイル ---------------- 大さじ2

塩、こしょう------------------- 各適量

PREPARACIÓN 作り方

1. じゃがいもは皮をむき、5mm厚さの半
   月切りにする。

2. 鍋にじゃがいもとたっぷりの水を入れ
   て中火にかける。沸騰したら凍ったま
   まのキャベツを加え、じゃがいもが煮崩
   れるまで茹でる。

3. 2.の茹で汁を捨て、フォークでキャベツ
   の繊維が残らないように、じゃがいもが
   なめらかになるように潰す。

4. フライパンにオリーブオイルとにんにく
   を入れ、弱火で炒める。香りが立ったら
   3.に加えて混ぜ、塩とこしょうで味を調
   える。

Potaje de berza y chorizo
キャベツとチョリソーの煮込み

INGREDIENTES 材料(4人分)

キャベツ ---------------------- 1/4個
チョリソーソーセージ -------------- 4本
にんにく ------------------------ 1片
パプリカパウダー（あればスモーク）
------------------------- 小さじ1/2
オリーブオイル ---------------- 大さじ1
塩、こしょう -------------------- 各適量

PREPARACIÓN 作り方

1. キャベツはざく切りにする。チョリソーは2cm幅に切る。にんにくはみじん切りにする。

2. 鍋にオリーブオイルを中火で熱し、チョリソーとにんにくを炒める。にんにくの香りが立ったら、火を止めてパプリカパウダーを加えて混ぜる。

3. 2.に水3と1/2カップを加える。沸騰したらキャベツを加え、蓋をして弱火で30分煮る。

4. 塩とこしょうで味を調える。

Ensalada de berza
キャベツのサラダ

INGREDIENTES 材料(4人分)

キャベツ ---------------------- 1/4個
にんじん ----------------------- 1/2本
りんご ------------------------ 小1個
紫玉ねぎ ---------------------- 1/4個
くるみ（無塩・ロースト）------------ 20g
レモン果汁------------------- 1/2個分
オリーブオイル ------------- 大さじ2〜3
塩、こしょう -------------------- 各適量

PREPARACIÓN 作り方

1. キャベツとにんじんはせん切りにする。りんごは芯と種を取り、皮がついたまません切りにする。紫玉ねぎは薄切りにして水に5分さらし、水気をきる。くるみは粗く刻む。

2. ボウルに1.、オリーブオイル、レモン果汁を入れて混ぜ、塩とこしょうで味を調える。

Crema de berza
キャベツのクリームスープ

INGREDIENTES 材料(4人分)

キャベツ ---------------------- 1/2個
じゃがいも ----------------------- 1個
オリーブオイル ---------------- 大さじ2
塩、こしょう -------------------- 各適量

PREPARACIÓN 作り方

1. キャベツはざく切りにする。じゃがいもは皮をむき、5mm厚さの半月切りにする。

2. 鍋に1.と水4カップを入れ、蓋をして中火にかける。沸騰したら弱火で30分煮る。

3. ブレンダーまたはミキサーでクリーム状に攪拌し、オリーブオイルを加えて混ぜ、塩とこしょうで味を調える。

COLIFLOR

〔カリフラワー〕

修道院でも人気のカリフラワー。
伝統料理も多くあり、なじみ深い冬野菜です。
晩秋から冬じゅう味わうことができ、
淡白な味と、そのボリュームで
いろいろな料理に活用します。

Coliflor congelada

冷凍カリフラワー

INGREDIENTES 材料(作りやすい分量)

カリフラワー ----------------- 125g(約1/4個)
塩 ------------------------------- ひとつまみ

PREPARACIÓN 作り方

1. カリフラワーは小房に分ける。鍋に塩を入れた湯を沸かし、3分茹でる。

2. ザルに上げて水気をきり、さらにフキンまたはペーパータオルで1.の水分をふく。しっかり水気をふかないと、冷凍中に野菜同士がくっついてしまう。

3. 冷凍用保存袋に入れて空気が抜けるように平らにならし、封を閉じて冷凍庫に入れる。

CONSEJOS ◎調理するときは冷凍したまま使います。◎食感が変化するので、火を通す料理に向いています。◎冷凍庫で1か月保存可能。

Coliflor encurtida

カリフラワーの酢漬け

INGREDIENTES 材料
（作りやすい分量／でき上がり約600ml）

カリフラワー ----------------- 250g（約1/2個）

a
[
水 ------------------------------ 2カップ
白ワインビネガー（またはりんご酢）--- 3/4カップ
ローリエ ----------------------------- 3枚
タイム ------------------------------- 2枝
黒粒こしょう -------------------- 小さじ1
グラニュー糖----------------- 大さじ1/2
塩 -------------------------------- 小さじ1
]

PREPARACIÓN 作り方

1. カリフラワーは小房に分ける。鍋に塩適量（分量外）を入れた湯を沸かし、カリフラワーをかために茹でる。冷水に取り、ザルに上げて水気をきる。

2. 鍋に a を入れて中火にかけ、沸騰したら火を止める。

3. 煮沸消毒した清潔な瓶にカリフラワーを詰め、カリフラワーが被るように 2. が熱いうちにひたひたに注ぐ（瓶の上部は2cmほどあけておく）。

CONSEJOS ◎酸味をまろやかにしたいときはりんご酢を使ってください。◎冷蔵庫で4〜5日間保存可能。012ページを参照してしっかり真空状態になっていれば冷蔵庫で3か月保存可能。

Ensalada de coliflor con patatas
温野菜のサラダ

INGREDIENTES 材料(4人分)

カリフラワーの酢漬け(—» Page.265) --- 1/4個分
じゃがいも ------------------------- 小2個
紫玉ねぎ ------------------------- 1/6個
シブレット------------------------- 3本
茹で卵 ------------------------- 1個
修道院のマヨネーズ(—» Page.062) -- 大さじ3
塩、こしょう------------------------- 各適量

PREPARACIÓN 作り方

1. じゃがいもは皮をむいて4等分に切る。紫玉ねぎは薄切りにして水に5分さらし、水気をきる。シブレットはざく切りにする。茹で卵は4等分に切る。

2. 鍋にじゃがいもを入れ、たっぷりの水を注ぎ、中火にかける。沸騰したらやわらかくなるまで5分茹で、水気をきる。

3. ボウルに2.と紫玉ねぎ、水気をきったカリフラワーを入れ、マヨネーズを加えて混ぜる。塩とこしょうで味を調えて器に盛り、茹で卵をのせてシブレットをふる。

Coliflor rebozada

カリフラワーのピカタ揚げ

INGREDIENTES 材料(4人分)

カリフラワー ------------------- 1/2株
薄力粉 ------------------------- 適量
溶き卵 ------------------------- 1個分
揚げ油 ------------------------- 適量
塩、こしょう -------------------- 各適量

PREPARACIÓN 作り方

1. カリフラワーは小房に分ける。鍋に塩適量（分量外）を入れた湯を沸かして3分茹で、水気をしっかりきる。

2. カリフラワーに薄力粉をまぶし、溶き卵に通す。

3. 鍋にたっぷりの揚げ油を170℃に温め、2.を揚げる。

4. 油をきって皿に盛り、塩とこしょうをふる。

Coliflor y bacalao con salsa bechamel

カリフラワーとタラのグラタン

INGREDIENTES 材料(4人分)

カリフラワー ------------------- 1/2株
生ダラ(切り身) ----------------- 2切れ
シュレッドチーズ ---------------- 50g
［ベシャメルソース］
　バター ----------------------- 20g
　薄力粉 ----------------------- 大さじ2
　牛乳 ------------------------- 1カップ
　塩 -------------------------- 小さじ2/3
　こしょう --------------------- 適量

PREPARACIÓN 作り方

1. オーブンを250℃に温めておく。

2. カリフラワーはごく小さな小房に分ける。鍋に塩適量（分量外）を入れた湯を沸かし、3分茹でて水気をしっかりきる。

3. タラは水気をペーパータオルでふく。小さなひと口大に切り、骨を取る。

4. ベシャメルソースを作る。鍋にバターを入れて弱火で溶かし、薄力粉を入れて粉気がなくなるまで炒める。牛乳を少しずつ加えて混ぜ、とろりとしたら塩とこ

しょうで味を調える。

5. カリフラワーとタラを加えて混ぜ、耐熱容器に入れてシュレッドチーズをかける。

6. 天板にのせ、温めたオーブンでチーズがこんがりするまで10分焼く。

ESPINACA
〔ほうれん草〕

11世紀頃にアラブ人によってスペインに伝えられ、
15世紀から16世紀にかけて十字軍によって
ヨーロッパにも広がっていったといわれています。
寒さに強く、冬の間に収穫ができ、
鉄分やビタミンが豊富なのも
修道女たちにはうれしい野菜です。

Espinacas congeladas
冷凍ほうれん草

INGREDIENTES 材料（作りやすい分量）

ほうれん草--------------------- 200g（約1束）

PREPARACIÓN 作り方

1. ほうれん草は傷んだ部分を取ってざく切りにし、
   よく洗う。

2. ザルに上げてしっかり水気をきり、さらにフキン
   またはペーパータオルで1.の水分をふく。しっか
   り水気をふかないと、霜が増えて解凍したときに
   水っぽくなってしまう。

3. 冷凍用保存袋に入れて空気が抜けるように平ら
   にならし、封を閉じて冷蔵庫に入れる。

CONSEJOS ◎調理するときは冷凍したまま使います。◎冷凍
庫で1か月保存可能。

Espinacas salteadas
ほうれん草の蒸し炒め

INGREDIENTES 材料(2人分)

冷凍ほうれん草	1束分
レモン	適量
白ワインビネガー	適量
オリーブオイル	適量
塩	適量

PREPARACIÓN 作り方

1. ほうれん草は凍ったままフライパンに入れて蓋をし、中火でしんなりするまで蒸し焼きにする。
2. 皿に盛り、レモンを搾り、白ワインビネガー、オリーブオイル、塩をかけて食べる。

CONSEJOS ◎修道院で一皿目や、メインの付け合わせとしてよく作られる蒸し炒めです。◎食卓に置いてある白ワインビネガー、オリーブオイル、塩を食べるときに好みでかけるそうです。

Garbanzos con espinacas

ほうれん草とひよこ豆の煮込み

INGREDIENTES 材料(4人分)

ひよこ豆 -----------------------200g
ほうれん草------------------------1束
にんにく --------------------------1片
パプリカパウダー(あればスモーク)
------------------------ 小さじ1/2
塩、こしょう--------------------各適量
オリーブオイル --------------------適宜

PREPARACIÓN 作り方

1. ひよこ豆はさっと洗い、7時間たっぷりの水で戻して水気をきる。鍋に入れ、豆より3cmほど多めに水を注ぎ、中火にかける。沸騰したら蓋をして弱火で30分煮る。

2. ほうれん草は4cm幅に切る。にんにくは半分に切って潰す。

3. 1.のひよこ豆がやわらかくなったら、2.とパプリカパウダーを加えて15分煮る。

4. 塩とこしょうで味を調え、好みでオリーブオイルをかけて食べる。

CONSEJOS ◎でき上がりに茹で卵を添えると、メイン料理になります。

Espinacas con piñones

ほうれん草と松の実のソテー

INGREDIENTES 材料(4人分)

ほうれん草------------------------1束
松の実 --------------------------20g
にんにく --------------------------1片
オリーブオイル ----------------- 小さじ2
塩、こしょう--------------------各適量

PREPARACIÓN 作り方

1. ほうれん草は3cm幅に切る。にんにくはみじん切りにする。

2. フライパンにオリーブオイル、にんにく、松の実を入れて中火で炒める。

3. 松の実がきつね色になったらほうれん草を加え、しんなりするまで炒め、塩とこしょうで味を調える。

Espinacas con huevos

ほうれん草のエッグココット

INGREDIENTES 材料(2人分)

ほうれん草------------------------1束
ベーコン(ブロック)--------------- 40g
プロセスチーズ ------------------- 30g
卵 -------------------------------2個
オリーブオイル ----------------- 小さじ2
塩、こしょう--------------------各適量

PREPARACIÓN 作り方

1. ほうれん草は3cm幅に切る。ベーコンとチーズは1cm角に切る。オーブンを200℃に温める。

2. フライパンにオリーブオイルを中火で熱し、ベーコンを炒める。こんがりしたらほうれん草とプロセスチーズを加えて炒める。ほうれん草がしんなりしたら、塩とこしょうで味を調える。

3. 耐熱容器に入れ、くぼみを2か所作り、卵を割り入れる。

4. 温めたオーブンで卵が半熟状になるまで10～15分焼く。

PUERROS

〔長ねぎ〕

長ねぎはバスクの人たちにとって大切な冬野菜。
修道女たちは冬に甘味が増した長ねぎを
大好きな「ポルサルダ」にたっぷり使います。
バスク語で「ねぎのスープ」の意味を持つ、
具だくさんのスープは、まさに家庭料理の真髄。
バスクではポロ葱を使いますが、
長ねぎでもおいしく作れます。

Puerros congelados
冷凍長ねぎ

INGREDIENTES 材料(作りやすい分量)

長ねぎ ------------------------ 500g(約5本)

PREPARACIÓN 作り方

1. 長ねぎの白い部分は2cm長さに切る。緑の部分
   はそのままさっと洗い、ペーパータオルで水気を
   ふく。

2. 白い部分と緑の部分は別々に冷凍用保存袋に
   入れ、空気が抜けるように平らにならして封を閉
   じて冷凍庫に入れる。

CONSEJOS ◎調理するときは冷凍したまま使います。◎冷凍
庫で1か月保存可能。

Puerros en conserva

Puerros en aceite

Puerros encurtidos

RECETA ⟶ Page. 274

Puerros en aceite
葉ねぎのビネガーオイル漬け

INGREDIENTES 材料
(作りやすい分量/でき上がり約200ml)

葉ねぎ(または小ねぎ) ----------2〜3本
オリーブオイル --------------- 3/4カップ
りんご酢 -------------------- 1/4カップ
塩 ------------------------- 小さじ1/6

PREPARACIÓN 作り方

1. 葉ねぎは小口切りにする。

2. ボウルにオリーブオイル、りんご酢、塩を混ぜる。

3. 煮沸消毒した清潔な瓶に1.を詰め、2.をひたひたに注ぐ。

CONSEJOS ◎冷蔵庫で1週間保存可能。

Puerros encurtidos
葉ねぎの酢漬け

INGREDIENTES 材料
(作りやすい分量/でき上がり約200ml)

葉ねぎ(または小ねぎ) ----------2〜3本
白ワインビネガー(またはりんご酢)
--------------------------3/4〜1カップ
塩 ------------------------- 小さじ1/6

PREPARACIÓN 作り方

1. 葉ねぎは小口切りにする。

2. ボウルに白ワインビネガーと塩を混ぜる。

3. 消毒した瓶に1.を詰め、2.をひたひたに注ぐ。

CONSEJOS ◎酸味をまろやかにしたいときはりんご酢を使ってください。◎冷蔵庫で1週間保存可能。

Puerros en conserva
長ねぎの瓶詰め

INGREDIENTES 材料
(作りやすい分量/でき上がり約400ml)

長ねぎ(白い部分) ------- 500g(約5本)
レモン果汁------------------ 大さじ1/2
黒粒こしょう---------------- 小さじ1/2
塩 ------------------------- 小さじ1/4

PREPARACIÓN 作り方

1. 長ねぎは洗い、瓶の高さに合わせて9〜10cm長さに切る。

2. 鍋に水2カップ、レモン果汁、黒粒こしょう、塩を入れて中火にかけ、沸騰したら1.を入れて弱火にし15分茹でる。

3. 煮沸消毒した清潔な瓶に長ねぎを詰め、瓶の野菜が被るように熱いうちに茹で汁をひたひたに注ぐ。

4. 深鍋にフキンを敷き、瓶を置く。長ねぎが見えるところまで水を注ぎ、中火にかける。沸騰しない程度の湯で20分煮て、火を止めてそのまま冷ます。

CONSEJOS ◎長ねぎはぎゅうぎゅうに詰めすぎないようにしてください。◎瓶詰めしたそのままの状態だと傷みやすいので保存には必ず煮沸してください。◎しっかり真空状態になっていれば冷蔵庫で1〜2か月保存可能。

Puerros en vinagreta
長ねぎのビナグレットソースがけ

INGREDIENTES 材料(4人分)

長ねぎの瓶詰め ------------------------------- 8本
[ビナグレットソース]
    トマト ----------------------------- 小1個
    赤パプリカ------------------------ 1/6個
    ピーマン --------------------------- 小1個
    イタリアンパセリのみじん切り ------- 小さじ1
    白ワインビネガー ------------------ 大さじ1
    オリーブオイル -------------------- 大さじ1
    塩、こしょう ----------------------- 各適量

PREPARACIÓN 作り方

1. ビナグレットソースを作る。トマト、赤パプリカ、ピーマンは5mm角に切る。
2. ボウルに残りの材料を入れて混ぜ、**1.**を加えて軽く混ぜる。
3. 皿に水気をきった長ねぎを盛り、**2.**をかける。

Ensalada de lechuga y jamón
レタスと生ハムのサラダ

INGREDIENTES 材料(4人分)

葉ねぎのオイル漬け（⟶ Page. 274）---------- 適量
レタス -------------------------------- 12枚
生ハム-------------------------------- 4枚

PREPARACIÓN 作り方

1. レタスは食べやすい大きさにちぎり、シャキッとなるまで水にさらし、水気をしっかりきる。生ハムは食べやすい大きさに切る。

2. ボウルに1.とオイル漬けを入れて混ぜ、皿に盛る。

Pastel de puerros y gambas
長ねぎと海老のパステル

INGREDIENTES 材料
（17×8×高さ6cmパウンド型・1台分）

長ねぎ -------------------------- 1本
むき海老 ----------------------- 6尾
卵 ------------------------------ 3個
生クリーム --------------------- 80ml
塩、こしょう------------------- 各適量

PREPARACIÓN 作り方

1. 型にオーブンシートを敷く。オーブンを
   180℃に温める。

2. 長ねぎは粗みじんに切る。海老は背ワタ
   を取り、1cm程度に切る。

3. ボウルに卵を溶き、生クリーム、塩、こしょ
   うを入れて泡立て器で混ぜる。2.を加え
   てフォークで混ぜ、型に流す。天板にの
   せ、温めたオーブンの中段で15分、下段
   に移してさらに10分焼く。

4. オーブンから取り出して粗熱を取る。冷
   蔵庫で冷やして型から取り出し、切り分
   ける。

CONSEJOS ◎冷蔵庫で冷やしたほうが切りやすい
が、好みで温かいまま食べてもおいしいです。

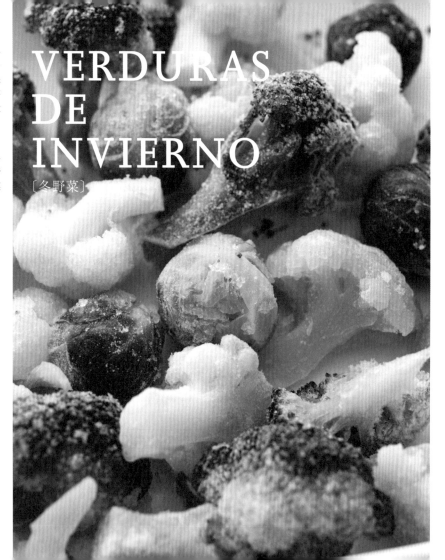

VERDURAS DE INVIERNO

［冬野菜］

冬野菜のきれいな白い色を中心に緑色の野菜もミックスします。
芽キャベツは冬から春まで、長い間収穫ができて重宝します。
冷凍すると甘味が増すといわれています。
かぶは家畜の飼料として使われていたので、
高齢のシスターたちには抵抗があるそうですが、
若いシスターたちはよく食べます。
それぞれ混ぜて保存し、付け合わせや料理に使うと便利です。

Verduras congeladas de invierno

冷凍冬野菜ミックス

INGREDIENTES 材料(作りやすい分量)

冬野菜(カリフラワー、ブロッコリー、
芽キャベツを合わせて) ------------------ 500g
塩 ------------------------------------- 適量

PREPARACIÓN 作り方

1. カリフラワーとブロッコリーは小房に分ける。芽
   キャベツは大きければ半分に切る。

2. 鍋に塩を入れたたっぷりの湯を沸かし、それぞれ
   3分茹でで冷水に取る。

3. ザルに上げて水気をしっかりきり、さらにフキンまた
   はペーパータオルで2.の水分をふく。しっかり水気を
   ふかないと、冷凍中に野菜同士がくっついてしまう。

4. 冷凍用保存袋に入れて空気が抜けるように平ら
   にならし、封を閉じて冷凍庫に入れる。

CONSEJOS ◎調理するときは冷凍したまま使います。◎冷凍
庫で1か月保存可能。

Verduras de
invierno escabechadas

Verduras de
invierno en aceite especiado

RECETA —» *Page.* 280

Verduras de invierno escabechadas
冬野菜ミックスの酢漬け

INGREDIENTES 材料（作りやすい分量／でき上がり約1ℓ）

冬野菜（カリフラワー、芽キャベツ、かぶ、
長ねぎを合わせて） -------- 500〜600g
白ワインビネガー（またはりんご酢） --- 1カップ
はちみつ ----------------------- 大さじ2
ローリエ ----------------------- 2枚
タイム ------------------------- 1枝
塩 ---------------------------- 小さじ2

PREPARACIÓN 作り方

1. カリフラワーは小房に分ける。芽キャベツは
   大きければ半分に切る。かぶは皮をむいて
   4等分に切る。長ねぎは5cm長さに切る。

2. 鍋に塩適量（分量外）を入れたたっぷりの
   湯を沸かし、それぞれがかために茹だった
   タイミング（カリフラワー、芽キャベツ、かぶ
   は2分、長ねぎは1分）で冷水に取る。ザル
   に上げて水気をしっかりきる。

3. ボウルに水1カップ、白ワインビネガー、はち
   みつ、ローリエ、タイム、塩を入れて混ぜる。

4. 煮沸消毒した清潔な瓶に2.を詰め、野菜
   が被るように3.をひたひたに注ぐ（瓶の上
   部は2cmほどあけておく）。

CONSEJOS ◎酸味をまろやかにしたいときはりんご酢
を使ってください。◎冷蔵庫で4〜5日間保存可能。012
ページを参照して真空状態になっていれば冷蔵庫で3か
月保存可能。

Verduras de invierno en aceite especiado
冬野菜ミックスの スパイスオイル漬け

INGREDIENTES 材料（作りやすい分量／でき上がり約1ℓ）

冬野菜（カリフラワー、かぶ、
長ねぎを合わせて） -------- 500〜600g
にんにく ------------------------- 3片
タイム ------------------------- 2枝
ローリエ ----------------------- 2枚
黒粒こしょう -------------------- 小さじ1
白ワインビネガー（またはりんご酢）
--------------------- 1/4〜1/2カップ
塩 ---------------------------- 小さじ2
オリーブオイル -------- 1と1/2〜2カップ

PREPARACIÓN 作り方

1. カリフラワーは小房に分ける。長ねぎは
   5cm長さに切る。かぶは皮をむいて2〜4
   等分に切る。鍋に塩適量（分量外）を入れ
   たたっぷりの湯を沸かし、それぞれがかた
   めに茹だったタイミング（カリフラワーとか
   ぶは2分、長ねぎは1分）で冷水に取る。ザ
   ルに上げて水気をしっかりきる。

2. 鍋にオリーブオイル大さじ2と半分に切っ
   たにんにくを炒める。香りが立ったら火を
   止め、残りのオリーブオイル、タイム、ローリ
   エ、黒粒こしょう、白ワインビネガー、塩を
   加えて混ぜる。

3. 煮沸消毒した清潔な瓶に1.を詰め、野菜
   が被るように2.をひたひたに注ぐ（瓶の上
   部は2cmほどあけておく）。隙間にオイルが
   徐々に染みていくので10分置き、野菜が隠
   れるまでオリーブオイルを足す。気泡があれ
   ばナイフやスプーンの柄などで取る。

CONSEJOS ◎ガラス瓶と温度差があると、割れやすいの
で瓶を温めておくとよいです。◎冷蔵庫で1週間保存可
能。真空状態になっていれば冷蔵庫で6か月保存可能。

Soulffle de verduras

冬野菜ミックスのスフレ

INGREDIENTES 材料(4人分)

冷凍冬野菜ミックス（—» Page. 278 ）---- 400g
卵 ---------------------------------- 2個
［ベシャメルソース］
　バター ------------------------- 20g
　薄力粉 --------------------------大さじ2
　牛乳-------------------- 1と1/2カップ
　塩 -----------------------------小さじ1/4
　こしょう------------------------- 適量

PREPARACIÓN 作り方

1. 卵は卵白と卵黄に分け、卵黄は溶く。オーブンを250℃に温める。

2. ベシャメルソースを作る。鍋にバターを入れて弱火で溶かし、薄力粉を加えて粉気がなくなるまで炒める。牛乳を少しずつ加えて混ぜ、凍ったままの冬野菜ミックスを加えてソースがとろりとしたら、塩とこしょうで味を調える。火を止め、溶いた卵黄を加えて混ぜる。

3. ボウルに卵白を入れてツノが立つまで8分立てに泡立てる。

4. 大きめの耐熱容器に2.を入れ、メレンゲをのせ、温めたオーブンで焦げ目がつくまで8〜10分焼く。

CONSEJOS ◎卵黄を混ぜたコクのあるベシャメルソースで、残った卵白はメレンゲにして一緒に焼きます。

Bacalao con verduras de invierno
タラの冬野菜オイル蒸し

INGREDIENTES 材料(4人分)

冬野菜ミックスのスパイスオイル漬け(→ Page. 280)
--- 300g
生ダラ(切り身)------------------------4切れ
白ワイン -------------------------- 1/4カップ
塩 -----------------------------------小さじ1/3
こしょう ----------------------------- 少々

PREPARACIÓN 作り方

1. タラは水気をペーパータオルでふく。ひと口大に切り、骨を取って塩とこしょうをふる。

2. フライパンに軽く油をきった冬野菜ミックスを入れ、その上にタラをのせて白ワインをふる。蓋をしてタラに火が通るまで弱火で蒸し焼きにする。

3. 皿に盛り、好みでスパイスオイル漬けのオイル適量(分量外)をかける。

肉の保存食

冷蔵庫がなかった時代、肉を保存するために作られたスパイス漬け。
それがスペイン全土に広がり、今でも愛されている保存食です。
白ワインが肉をやわらかくする効果もあります。

CONSEJOS ◎スペインのお肉屋さんでは、ブロック肉をスパイスで漬け込んだものが売られており、その場でカットしてもらったものを買うことが多いです。ここでは作りやすいようにとんかつ用の肉を使います。

Lomo de cerdo adobado

豚肉のスパイス漬け

INGREDIENTES 材料(4人前)

豚とんかつ用ロース肉 ----------------------------- 4枚
好みのハーブ(ミント、セージなど)

a
┌ にんにく ------------------------- 2片(潰す)
│ パプリカパウダー(あればスモーク)--- 小さじ1と1/2
│ オレガノ(乾燥)----------------------- 小さじ1
│ 白ワイン --------------------------- 大さじ1
│ オリーブオイル ----------------- 大さじ1と1/2
│ 塩 ------------------------------------適量
└ こしょう ----------------------------- 少々

PREPARACIÓN 作り方

1. 豚肉はスジを切り、塩適量(分量外)を全体にふってすり込む。

2. aを保存袋に入れ、パプリカパウダーが液体に溶けるようにもんで混ぜる。

3. 2.に豚肉を入れ、全体が混ざるように1枚ずつ入れてなじませる。空気が抜けるように封を閉じ、冷蔵庫でひと晩置く。

4. 焼く前に冷蔵庫から取り出し、室温に30分置く。

5. フライパンにオリーブオイル適量(分量外)を中火で熱し、4.を両面こんがり焼く。皿に盛り、ハーブを添える。

MONASTERIOS COLABORADORES
ご協力いただいたシスターたち

Monasterio De Carmelitas Descalzas Del Buen Pastor

跣足カルメル会善き羊飼いの修道院／バスク州ギプスコア県サラウツ

美食の街・サンセバスチャンから20km、海岸沿いの小さな街サラウツにある修道院。現在11名のシスターたちが生活していらっしゃいます。修道長のマザー・ピラールは元々薬剤師、シスター・アキコは外科医、ほかにも看護師、弁護士などのキャリアを持つシスターたちがいらしたり、平均年齢が低いことでも異彩を放っています。庭仕事にもたくさんのこだわりと研究に余念がありません。特にハーブや花の効用を重んじて栽培し、ハーブエキスも作っています。植物同士の影響を考えて混植するコンパニオンプランツを実践していらしたり、珍しい外国野菜を育てたりと熱心。料理にとっての水や塩の役割などにも話が広がり、お話ししているとあっという間に時間が過ぎてしまいます。ごちそうしていただいたひよこ豆の煮込み、ねぎのスープ、ビスコチョのおいしさは忘れられません。

Real Monasterio De San Juan De Acre

サン・ファン・デ・アクレ王立修道院／
バスク州アラバ県サリーナス・デ・アニャーナ

塩田が名高いサリーナス・デ・アニャーナ。6500年以上もの歴史を持つ世界最古の製塩工場のひとつといわれる塩田には、観光客が絶えません。その塩田を見下ろすように丘の上に建つ小さな修道院。中世ヨーロッパ、3大騎士団のひとつであるマルタ騎士団が設立した会派で8つの角を持つマルタ十字架がシンボル。とても明るく温かいお人柄の修道長のマザー・ヴィルヒニアはグルテンフリーのナッツケーキとパウンドケーキ、マルタ十字架を象ったクッキーとハーブティーを用意して迎えてくださいました。特別に入らせていただいた禁域の庭には、古い果樹やたくさんのレタス、玉ねぎなどが整然と並び、前日生まれたという仔羊やかわいがっていらっしゃるポニー、鶏たち、起伏のある庭からの絶景は圧巻で、忘れられない風景となりました。庭のハーブを使い、香り高い蝋燭を作って販売していらっしゃいます。

お話や料理を参考にさせていただいた修道院

Monasterio Trinarias De San Francisco サンフランシスコ三位一体修道院／カンタブリア州ラレド
Monasterio Dominicas de Elorrio ドミニコ会修道院／バスク州ビスカヤ県エロリオ
Monasterio De Mercedarias Descalzas 跣足メルセス修道院／カンタブリア州ノハ　ほか

Monasterio De La Visitación De Santa María

ビジタション・デ・サンタマリア修道院（聖母訪問修道院）／
バスク州アラバ県ビトリア

バスク州立大学のキャンパスに隣接したネオゴシック様式のすらりとした
尖塔が際立って美しい大きな修道院。とても広い庭には温室が二つもあ
り、日々20名の修道女たちが交替で世話をしています。82歳の修道長、マ
ザー・アンジェリカは微笑みを絶やさず、質問に丁寧に答えてくださいました。
「料理は素材の味がいちばん」とシンプルな料理を作ることを心がけてい
らっしゃるとのこと。補佐してくださったのはお料理が大好きだというペルー
生まれの若くてあどけないシスター。率先してジャム作りをしていると話して
くださるとき、なんとも楽しそうでこちらまで和んでしまいました。この修道院で
はマドレーヌやロスキージャス（スペイン風ドーナツ）などのお菓子を作って
販売をしていらして、中でも庭で採れたマルメロを使って作るドゥルセ（固形
ジャム）が人気です。

Monasterio Santa Ana

聖アナ修道院／
バスク州ギプスコア県ラスカオ

バスク地方南部、山に囲まれた小さな村ラスカオにあるシトー会の修道院。
17世紀に建てられたバロック様式の厳粛な建物はバスク地方の文化遺産に
指定されています。高齢のシスターたちが多いこの修道院の庭は外部の方
の援助も受け、きれいに手入れされています。以前はさらに大きかった庭を
徐々に縮小したそうで、91歳のマザー・マリア・ルイサは以前の広大な庭の
話を懐かしそうに話してくださいました。といっても見せていただいた庭は十
分に広く、うかがったときにはブロッコリーやロマネスコ、葉野菜、木々にはさく
らんぼやキウイフルーツなどが、たくさん実っていました。昼食をシスターたち
とご一緒する機会もいただき、庭の野菜がたっぷり入ったチキンスープ、牛レ
バーの玉ねぎキャラメリーゼ煮、庭で収穫したオレンジのビスコチョとキウイ
フルーツをごちそうになりました。

Epílogo

あとがき

修道長のマザー・ピラールはそら豆の小さな薄紫の花を見せてくださりながら、
どの植物も可憐な花を咲かせ、
じきに実をならすと知らせてくれるのだと話してくれました。
その言葉の端々から日々花を愛でながら、無事に育ってくれるように願い、
恵みに感謝しているのが伝わってきます。

食材がオーガニック、新鮮であることもさることながら、
修道院の料理や保存食がおいしいといわれる原点は
やっぱり感謝する気持ちなのでは、と今回もまたつくづく感じました。

少し時間をかけて作る保存食もそのひとつだと。

自然の恵みに、おいしいものを満喫できる健康な身体に、
そして作ってくれた人たちに感謝を忘れずにいただきたいものです。

丸山久美

MANZANA

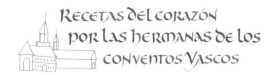

Kumi Maruyama
丸山久美

料理家。スペイン家庭料理教室「mi mesa」主催。アメリカへ留学後、ツアーコンダクターとして世界各国を廻る。1986年からスペイン・マドリードに14年在住。家庭料理をベースにしたスペイン料理を習得しながら修道院を巡り、修道女たちから料理を学ぶ。『バスクの修道女 日々の献立』(グラフィック社)、『家庭で作れるスペイン料理 パエリャ、タパスから地方料理まで』(河出書房新社)、『修道院の煮込み スペインバスクと北の地方から』(主婦と生活社)など著書多数。

写真／宮濱祐美子
現地写真／丸山久美、善き羊飼いの修道院
装丁／岡村佳織
題字／三戸美奈子(andscript)
料理アシスタント／成瀬佐智子、矢口 香
和文校正／合田真子
編集／小池洋子(グラフィック社)

バスクの修道女　畑と庭の保存食

2024年3月25日　初版第1刷発行

著者／丸山久美
発行者／西川正伸
発行所／株式会社グラフィック社
〒102-0073 東京都千代田区九段北1-14-17
tel.03-3263-4318(代表)／03-3263-4579(編集)
https://www.graphicsha.co.jp
印刷・製本／図書印刷株式会社